ビジネスパーソンが
知っておきたい
エグゼクティブの英語

清水晶彦

はじめに

知らず知らずのうちに、ネイティブが
カチンとくる英語を使っていませんか？

　みなさん、はじめまして。

　私は、大学卒業後、外資系銀行・証券会社、外資系航空会社の機内サービス部勤務をへて、1997年11月に客室乗務員になりました。実に21年前のことです。

　その間、私はおもに機内で、世界を股にかけて活躍するエグゼクティブの方々にお目にかかってきました。

　そんな私が、日々、残念に思っていることがあります。それは、日本人のエグゼクティブの英語は、とにかく不躾なものが多いということです。

　以前、アメリカに向かう飛行機の中でこんなことがありました。明け方にアメリカに到着する便だったのですが、夜が明けてきたころ、窓際に座っている欧米人の方が、窓のシェイドを開けて、外の様子を見ています。

　その後ろの通路側の席には日本人のビジネスマンの方が座っていたのですが、外からの光がまぶしかったのでしょう、その欧米人の方に向かって、こう言ったのです。

"Please shut the window shade!"

その欧米人の方は、少し驚いた様子で、そのあとムッとした表情に変わりました。

なぜ、彼はムッとしたのでしょうか。それは、見ず知らずの人に「シェイドを閉めなさい!」と言われたからです。

そうなのです。"Please shut the window shade!" は、「シェイドを閉めていただけませんか?」ではなく、「閉めなさい!」という命令のニュアンスになってしまうのです。

残念ながら、日本では、「命令文に "Please" をつけると、丁寧なお願いの文章になる」と教えられていますが、実際はそうではありません。

こういうときは、"Excuse me, sir."、あるいは "Could you do me a favor?"(ちょっとよろしいですか?)と呼びかけたうえで、"Would you mind shutting the window shade?"(シェイドを閉めていただいてもよろしいですか?)という言い方をすれば、快くシェイドを閉めてくれたでしょう。

これは1つの例にすぎませんが、日本人が不躾な英語を話して、ネイティブがムッとする……という場面にはよく出くわします。

正確に言うと、日本人は、不躾な英語を使っているというよりも、自分が使っている英語がネイティブにとっては不躾に聞こえるということに気づいていないのです。

これは、日常的にコミュニケーションを取るうえではもちろん、外国人とビジネスをするうえで、非常にもったいないことだと私は思っています。

　私は、つねづねこう考えていましたので、日本人のビジネスパーソンのみなさんに、これまで外国人とコミュケーションを取りながら学んできた、丁寧で品格漂う「エグゼクティブの英語」をご紹介するために、この本を書きました。

　英語でネイティブに何かお願いすると、なぜか嫌な顔をされてしまう、ムッとされるのが怖い……という方に、「エグゼクティブの英語」を身につけていただくことで、ネイティブとのコミュニケーションに自信を持っていただければ、これ以上の幸せはありません。

―― TIPS FOR SPEECH ――

「エグゼクティブの英語」を話すコツ

「エグゼクティブの英語」というと、なんだか難しそう……と感じた方もいらっしゃるかもしれません。

恐れることはありません。難しい単語を覚える必要はなく、中学校や高校で習った英語に一手間加えるだけで、ネイティブに失礼に聞こえてしまう英語が「エグゼクティブの英語」に変貌します。

具体的にどのような言い方・伝え方があるのかは、本編の中でたくさんご紹介していきますが、その前に、「エグゼクティブの英語」を話すコツについて、ここでお話ししておきましょう。

「エグゼクティブの英語」 7つのコツ

1. タメ口な表現は、ビジネスには不向きと心得よ
2. へりくだるよりも、相手を立てよ
3. 言いにくいことを言う前に、「クッション言葉」を使え
4. 「ポジティブな表現」は、たくさん知っておいて損はない
5. 完全否定よりも、「部分否定」
6. つねに直接的な言い方がいいとは限らない
7. 同じ表現を連発するよりも、言い換え表現を使え

---- STRUCTURE ----

本書の構成

　本書の構成は、次のようになっています。全部で20の章（シーン）をご用意しています。

Part 1　コミュニケーションの基本

「お願い」「お誘い、提案、お勧め」「質問」「言いにくいこと」「お断り」「お礼」「謝罪」を取り上げます。

　ここで失礼な言い方をすると、相手との関係を壊しかねないので、ぜひ丁寧な言い方を身につけていただきたいと思います。

Part 2　相手の話を聞く

「相づち」「聞き返し」「興味の示し方」「安心のさせ方」「理解の確認」「ほめ方」「意見の相違」「相手に意見を求める」といったことを取り上げます。

Part 3　相手に伝える

　今度は、伝え方に注意を払っていきます。ポイントは、「控えめに」「簡潔に」「やんわり」「話のコントロール」「断定の回避」「締めくくり」です。

HOW TO USE

本書の使い方

　本書は、20のシーンから成り立っています。それぞれのシーンでは、まずみなさんに対して「こんなとき、何と言いますか？」というお題をお出しします。

　ぜひ、「自分だったら、英語で何と言うだろうか」と考えてみてください。

　その後で、解答例をご紹介するのですが、その例は「エコノミークラスな表現／ビジネスクラスな表現／ファーストクラスな表現」の3種類のものがあります。

▶ エコノミークラスな表現

　明らかにフランクすぎるもの。親しい間柄で、カジュアルな場面ではいいですが、ビジネスには不向きです。

▶ ビジネスクラスな表現

　やや丁寧なもの。ビジネスでは最低限、このレベルを目指しましょう。

▶ ファーストクラスな表現

すごく丁寧で、品位があるもの。ここまで言えると、世界で活躍するエグゼクティブのレベルです。

その後で、「さらに役立つ表現」として、ビジネスや日常生活に役立つ、丁寧で格調高い言い方をたくさんご紹介していきます（もちろん、すべてを覚える必要はありません）。

おそらく、みなさんが中学校や高校で習ったおなじみの表現は、エコノミークラスな表現やビジネスクラスな表現のものが多いでしょう。

ですから、少しずつ、1フレーズずつでも、ファーストクラスな表現のレパートリーを増やしていっていただきたいと思っています。

英語は楽しく勉強するものです

　本編に入る前に、本書を使いながら英語を勉強しようとお考えのみなさまに、私が考える「英語を楽しく勉強するコツ」をご紹介しましょう。

英語を楽しく勉強する　6つのコツ

1. 目標を設定しない
2. 好きなことややりたいことを英語で発想する
3. 日本語の会話の中で、英単語を使ってみる
4. 予定表や手帳に、英語のキーワードで記入する
5. スマホを自分流英語のプラットフォームにする
6. SNSは読むだけでなく返信する

1. **目標を設定しない**

「目標を持つ」ことは大切とよく言われますが、設定した目標をクリアできないと、英語の勉強に対して抵抗感が生まれます。
　であれば、最初から目標を持たないほうが気持ちよく勉強できます。

2. **好きなことややりたいことを英語で発想する**

　自分の興味と英語を結びつけましょう。誰かから「これをやれ」と言われてやるよりも、圧倒的に英語が身につきやすくなります。

3．日本語の会話の中で、英単語を使ってみる

　英語で会話をするからこそ楽しいのです。恐れることなく、英語を使ってみましょう。日本人どうしで、思いついた英単語だけで話すのもOKです。

4．予定表や手帳に、英語のキーワードで記入する

　英語を身近にするためには、身の回りを英語で染めていきましょう。予定の記入は英単語だけでできるので、取り入れやすいです。

5．スマホを自分流英語のプラットフォームにする

　英語に関連するスマホのアプリは数多くあります。自分が必要だと思うものは、どんどんダウンロードして活用しましょう。スマホを、ただの連絡手段として使うだけではもったいないです。

6．SNSは読むだけでなく返信する

　英語で発言している人に対して、積極的に絡みにいきましょう。自分で英語を発信することで、記憶に残りやすくなります。

2020年には東京オリンピック・パラリンピックがあります。訪日外国人はますます増えます。あなたも、海外ゲストのおもてなしをする機会がやってくるでしょう。

　本書が、仕事で英語を使うビジネスパーソンやボランティアスタッフだけではなく、プライベートで海外の人と交流をしたい方など、みなさまのお役に立てることを願っています。

Contents

はじめに ... 003

Part 1
コミュニケーションの基本

Scene 1	丁寧にお願いする	018
Scene 2	誘う、提案する、勧める	038
Scene 3	失礼にならないように尋ねる	054
Scene 4	言いにくいことを伝える	066
Scene 5	上手に断る	080
Scene 6	お礼を言う	092
Scene 7	謝る、謝罪する	102

Part 2
相手の話を聞く

Scene 8	相づちを打つ	116
Scene 9	上手に聞き返す	136
Scene 10	興味を示す、感動を伝える	146
Scene 11	相手を安心させる、励ます	154
Scene 12	相手が理解しているか確認する	164
Scene 13	ほめる、賛辞に答える	172
Scene 14	意見の相違・反対を伝える	184
Scene 15	意見、感想を求める	194

Part 3
相手に伝える

| Scene 16 | 控えめに意見を伝える | 208 |
| Scene 17 | 話を展開する | 220 |

Scene 18	話をコントロールする	232
Scene 19	再考を促す	240
Scene 20	会話を締めくくる	248

索引 257
あとがき 262

Column

1 日本人の「誤解される英語」
「誤解される英語」No.1 は "please" 034

2 日本人の「誤解される英語」
え!? そんな意味で伝わってたの?? 052

3 日本人の「誤解される英語」
いきなり質問する前に、「クッション言葉」を 064

4 日本人の「誤解される英語」
シンプルを目指しすぎると失礼になる!? 078

5	日本人の「誤解される英語」 「ハイハイわかった!」のように伝わっている!?	134
6	客室乗務員のエピソード 「聞く前に行動」こそが、プロのおもてなし	171
7	日本人の「誤解される英語」 "good"はつねにほめ言葉?	182
8	日本人の「誤解される英語」 「いただきます」や「ただいま」は英語にはない?	203
9	日本人の「誤解される英語」 お寿司を勧めたいときは何と言う?	218
10	客室乗務員のエピソード 客室乗務員がお客さまに命令することがある?	231
11	英語を無理なく身につけるために 英語で手帳をつけてみよう	255

Part

1

コミュニケーションの基本

Scene 1

丁寧に
お願いする

お願いごとはできるだけ相手の都合がいいときに時間の余裕をもってしたいものです。とはいえ、やむを得ず急な依頼をしなければならないこともあります。

ポイントは、**「相手への気づかい」**を忘れないことです。相手が今、どんな状況にいるかを察しているということを表すだけで、コミュニケーションもうまく運びスマートな会話になります。

Q
このようなとき、何と言いますか？

あなたはオフィスで、同僚たちとある企画の準備をしています。
その際に、同僚に
「明日の朝までに、この書類に目を通しておいてください」
とお願いをします。
あなたなら何と言いますか？

△ エコノミークラスな表現

Please look over the documents by tomorrow morning.

明日の朝までに、書類に目を通しておいてよ。

○ ビジネスクラスな表現

I would like you to look over the documents by tomorrow morning.

明日の朝までに、書類に目を通しておいてほしいのですが。

◎ ファーストクラスな表現

Could you look over the documents by tomorrow morning, if possible?

申し訳ございませんが、明日の朝までに書類に目を通しておいていただけますか？

日本人は "please" をつければ丁寧に表現できると思いがちですが、ネイティブには命令調、あるいは強制的に聞こえます。

"would like you to ... " 「……してほしい」は、同じ意味のwantよりは丁寧な表現になりますが、まだファーストクラスとは言えません。"Could you ...? " 「……していただけますか?」の方が丁寧です。

参考
Could you look over documents now?
「すぐに書類に目を通してくれませんか?」

"if possible" の代わりに、"if you would" とも言います。一言加えることにより、忙しい相手に気づかいを表し、かつ品のある言い方になります。

参考
Could you look over this documents now, if you would?
「もし可能でしたら、すぐにこの書類に目を通してもらえますか?」

さらに役に立つ表現

▶ ちょっとお願いしてもよろしいでしょうか?

☐ Excuse me, (but) ...

知らない人や店員などへの呼びかけとしてよく使われます。混雑の中で道をあけてほしいときなど、一言声をかけるエチケット表現です。

Excuse me, (but) could you please take our plates away?

「(レストランで) **すみませんが、お皿を下げていただけますか?**」

☐ Could you do me a favor?

ちょっとしたお願いをする際に使う決まり文句です。このフレーズの後に実際に頼みたいことが続きます。この前置き表現を使って相手の注意を促してからお願いすると効果的です。

Could you do me favor and change this note for me, please?

「**お札を両替していただけますか?**」

▶ ……していただければと思っていたのですが

□ I was hoping that you could ...

前置き表現として活用できます。過去進行形(was hoping)を使うと、間接的で遠慮がちなお願い表現になります。

<u>I was hoping that you could</u> arrange a time to discuss this matter.

「この件について話し合える時間をつくっていただければ、と思っていたのですが」

□ I was hoping that you would be able to ...
□ I was hoping that you might be able to ...

さらに婉曲で丁寧な表現です。
丁寧な依頼をするときの定番表現です。

Scene 1

さらに役に立つ表現

I was hoping that you might be able to drive me there.

「そこまで車で送っていただければと思っていたのですが」

□ I was hoping to …

間接的に自分の希望を伝えたいときに役立ちます。"I want to …"よりも格段に丁寧に伝えられます。

▶ ……していただけるとありがたいのですが

□ I would appreciate it if you could …

「もし、そうしていただければ」という意味を伝える「仮定の would」を使う言い方です。助動詞 will を過去形にすることで距離感が出て、上品さが出ます。
相手に協力してもらうことを期待して、前もってお礼を述べてアプローチする依頼表現の1つです。また、依頼メールでしめくくりの言葉としても使えます。

I would appreciate it if you could explain the matter.

「その件を説明して**いただけるとありがたいのですが**」

I would appreciate it if you could have a look at today's newspaper.

「今日の新聞に目を通して**いただけるとありがたいです**」

☐ I would be grateful if you could …

appreciate と同様、感謝の気持ちを伝える表現です。

I would be grateful if you could let me know your e-mail address.

「メールアドレスをお知らせ**いただけますと幸いです**」

さらに役に立つ表現

▶ ……していただいてもかまいませんか?

☐ Would you mind ...ing?

丁寧な依頼の定番表現です。「仮定の would」を使うのがポイント。"Do you mind …ing?" と聞くよりも、間接的で遠慮がちな表現になります。

Would you mind doing my small favor?

「少しお願いを聞いていただいてもかまいませんか?」

Would you mind locking the door when you leave?

「出るときにドアの鍵をかけていただいてもよろしいでしょうか?」

☐ Would you mind if ...?

先ほどの "Would you mind …ing?" の応用表現です。何かをしたいときに丁寧に許可を求める表現です。

注意したいのは答え方です。"Would you mind if …?" に対して、「はい」なら "No (, I wouldn't mind)." で、「いいえ」なら "Yes (, I would mind)." です。

さらに、"Actually, yes (I would mind)." と一語加えて言えばスマートな返答になります。

Would you mind if I join you?

「ご一緒させていただいてもかまいませんか？」

Would you mind if we swapped seats?

「席を交換していただいてもかまいませんか？」

▶ ……していただくことは可能でしょうか？

□ Could you possibly ... ?

丁寧な依頼表現の基本フレーズです。依頼表現で "possibly" を使うと、遠慮がちで丁寧なニュアンスになります。面倒なことや手間のかかるようなことをお願いする場合に効果的です。

Could you possibly show us other T-shirts, please?

「ほかのTシャツを見せていただくことは可能でしょうか？」

さらに役に立つ表現

☐ Would it be possible ... ?

現在形で言うよりも、周りの状況を考慮した丁寧な表現です。相手への気づかいを表現したいときにはこのフレーズを使います。

<u>Would it be possible</u> for you to come our office tomorrow?

「明日、オフィスに来ていただくことは可能でしょうか?」

☐ Would you be able to ... ?

現在形で言うよりも丁寧さが増します。<u>would</u>を使うと「状況が許せば……」といった限定的な意味が含まれるので、"<u>Could you …?</u>"よりも婉曲な表現になります。

<u>Would you be able to</u> comment on this?

「これに関してコメントを**頂くことは可能でしょうか?**」

▶ ……は可能でしょうか？

☐ Could I possibly ... ?

"possibly" を使うことで、遠慮がちな気持ちが加わります。押しつけがましくないようにお願いすることができます。丁寧に許可を求めたいときに効果的です。

Could I possibly take the day off tomorrow?

「なんとか、明日お休みを取ること**は可能でしょうか？**」

☐ Would I be able to ... ?

さらに相手の状況を考慮した大人らしい表現になります。丁寧にお願いする方法はさまざまですが、似たような表現でも微妙にニュアンスの違いがあります。
仮定的なアプローチを使うと、上品さが出ます。

Would I be able to meet you at lunch meeting?

「ランチミーティングでお会いすること**はできますでしょうか？**」

さらに役に立つ表現

▶ 少し……していただけますか？

□ a little bit

依頼表現と組み合わせて使えば、さらに控えめでさりげないお願いの表現になります。

Could you move over a little bit, please?

「**少し**移動していただけますか？」

□ a little bit of ...

"a little bit"の応用表現です。ofの後には名詞が続きます。相手にお願いしたいことがあるとき、日本語で「……してくれますか？」より「少しだけ……してくれますか？」の方がさりげなく言えるのと同じです。

Could you put a little bit of sugar in coffee, please?

「コーヒーに砂糖を**少し**いただけますか？」

□ a little bit ...er

これも応用表現です。比較の形容詞や副詞と一緒に使って、「もう少し……してほしい」という気持ちを間接的なニュアンスで伝えます。

Could I explain it to you a little bit later?

「それについては、**もう少しあとで**お話しさせていただいてもよろしいですか？」

さらに役に立つ表現

▶ お忙しいとは存じますが、……

□ I know you're very busy, but ...
□ I realize you're very busy, but ...

"very" を使って、相手の多忙を察している気持ちを伝えます。この一語を加えるだけで、相手の立場や仕事の重要さを理解したうえでお願いしていることが伝わります。

I know you're very busy, but could you let me know whether you could join the meeting tomorrow?

「**お忙しいとは思いますが**、明日の会議にご参加できるかどうか、お知らせいただけますか?」

I realize you're very busy, but I would really appreciate it if you could help me with these questions.

「**お忙しいとは存じますが**、これらの質問についてご協力をいただけますと大変ありがたく存じます」

☐ I'm sorry to trouble you when you're very busy, but ...

ある程度、相手の状況を把握しているときに使います。どうしてもお願いしたいことがある場合や、急を要する場合に効果的です。
相手への気づかいを忘れず、どんな状況にいるのか察していることを表すことで、コミュニケーションがうまくとれます。

I'm sorry to trouble you when you're very busy, but I would appreciate it much if you could give me some advice on this matter.

「お忙しいところ恐縮ですが、この件に関して教えていただけますとありがたいです」

I'm sorry to trouble you when you're very busy, but could you provide us with a project report by next month?

「お忙しいところ恐縮ですが、来月までにプロジェクトについての報告書を頂けますでしょうか?」

Column 1　　日本人の「誤解される英語」

「誤解される英語」No.1は "please"

日本人は、何かとよく "please" を使います。「どうぞ……してください」という丁寧な言い方に思えるからでしょう。
頼みごとをするときに使うフレーズではあるものの、実は、使い方を間違えると「誤解される英語」になります。

「please」をつけても、命令のニュアンスは消えない

もし「手伝ってください」と言いたい場合、あなたならどのように言いますか?
もし "Please help me!" と言ったとしたら、気分が悪く「助けてください!」と言っていると相手に思われることがあります。
こんなときは、

"Could you give me a hand, please?"
「ちょっと手を貸してくれませんか?」

というのが上品な言い方です。
なお、飛行機の機内放送で "Attention, please!" と聞いたことのある方は多いでしょう。これは命令口調とは違い、「みなさまにお知らせいたします!」「ちょっとお聞きください」といったニュ

アンスで使う常套句です。
"please" を使った他の例もご紹介しましょう。

▶ カフェで飲み物を注文したいとき

"Please get me some tea."「紅茶ちょうだい」
"Please get me coffee."「コーヒーくれ！」
と言うと、かなり乱暴に聞こえます。
こんなときは、

"Could I have some tea, please?"
「紅茶をいただけませんか？」

と言うのがよいですね。

▶ お客さまに着席を促したいとき

"Sit down, please." と相手に言えば、「座りなさい」のように、
上から目線で話しているように取られます。

"Please have a seat."
「おかけください」

くらいがちょうどよいでしょう。

Column 1

▶ 買い物でディスカウントの交渉をしたいとき

カジュアルな買い物で "Discount, please." と言えば、「まけてよ!」のようなニュアンスになります。
そこで、

"Could you give me a 10% discount?"
「10%まけてくれませんか?」

と丁寧に、しかも具体的に言うことによって説得力が出ます。

▶ 相手の言うことが聞き取れず、もう一度言ってほしいとき

"Once more, please." では、「さあ、もう一度言ってみましょう」と、先生が生徒に言うような感じで相手に伝わります。

"Come again."
あるいは、

"Pardon me."
がいいでしょう。

このように、"please" は使い方次第で大げさな表現や命令口調になってしまうのです。

また、日本人は「please＝どうぞ」だと理解していますが、"please" の一語だけ言われると相手はどうすればよいのかわからず、「何を please？」と戸惑ってしまうので、その点にも注意が必要です。

相手が「YES／NO」を選べる余地を残す

相手に何かを頼みたいとき、命令形で言うと強引さがどうしても出てしまいます。そうではなく、「断ってもいいですよ」という含みを持たせて疑問形にするとスマートさが出ます。
つまり、**相手が「NO」を言える話し方**です。

- ○ Can you ～, please?
- ◎ **Could you～, please?**
- ○ Would you～, please?
  丁寧を超えて断られると困る感じがすることも

英語を使っても誤解を生む表現では、相手に失礼に伝わってしまうことがあります。**一手間のフレーズを惜しまず、プレミアムな英会話にアップグレード**させましょう。

Scene 2

誘う、提案する、勧める

誘い方には、その人のコミュニケーションのセンスが出ます。
ポイントは、**「相手の都合を考えて、無理強いをしない」**ことです。
相手に選択の余地を与え、負担を感じさせないことが、洗練された会話のコツです。

Q
このようなとき、何と言いますか？

交流会で、ある人と知り合いになりました。
あなたはその人とさらに良い関係をつくりたいと思って、
「明日の夜、食事に行きませんか？」
と誘いたいと思います。
あなたなら何と言いますか？

△ エコノミークラスな表現

Let's go for dinner tomorrow night.

明日の夜、食事に行こうよ。

○ ビジネスクラスな表現

If you are free tomorrow night, why don't we go to a great Italian restaurant?

明日の夜空いているようでしたら、すごく美味しいイタリアンのお店に行きませんか？

◎ ファーストクラスな表現

I was wondering if you'd be interested in going for dinner tomorrow night.

もしよろしければ、明日の夜お食事でもいかがかな、と思いまして。

カジュアルな感じで気軽に使える表現ですが、初対面の相手にはなれなれしい言い方です。

仮定の内容で相手の興味をうかがい、具体的な提案をします。イタリア料理なら大概の人が興味を示してくれるでしょうが、相手に合わせてジャンルを提案するのが好ましいです。
また、"If you are free tomorrow night," の後に、"would you like to go for dinner?"「食事でも行きませんか？」と続けてもいいでしょう。

"I was wondering if ..." は「……かなと思いまして」と丁寧に尋ねるときに使える表現です。
好意を寄せる相手に誘いを切り出すときにも応用できるので便利です。

さらに役に立つ表現

▶ もしよろしければ、……

☐ If you like, ...

誘いを表す内容の前後につけて、さり気なく相手の都合や希望を聞くことができます。

If you like, we can send you our newsletter.

「**もしよろしければ、**私たちが発行している会報をお送りします」

I'll buy you another drink, if you like.

「**もしよければ、**もう1杯ドリンクをおごりますよ」

☐ I was wondering, ...

質問するときにクッションとして使う表現。「……するのはどうかと思っていたのですが」と、間接的に誘うことができます。

I was wondering, would you like to come along with us?

「**もしよければ、**私たちと一緒に来ませんか？」

I was wondering, would you like to come and visit us at our second house next month?

「**もしよろしければ、来月に私たちの別荘にいらっしゃいませんか?**」

▶ もしよろしければ、……しませんか?

☐ Perhaps, we could ...
☐ Maybe, we could ...

"perhaps" は「ひょっとしたら」という低い確信を表すときに使う表現です。そのあとに "we could" を続けて「もしよろしければ一緒に……しませんか?」と誘うことができます。
"maybe" は "perhaps" よりもやや強い確信です。友人を誘うようなカジュアルな状況で使います。

Perhaps, we could meet for lunch tomorrow.

「**よろしければ、明日ご一緒に昼食でもいかがですか?**」

さらに役に立つ表現

> Maybe, we could go for a drive next weekend.
>
> 「よければ、来週末ドライブに行かない?」

▶ もし、そういう気分であれば、……

□ If you feel like it, ...

"feel like …" は「……したい気分です」という意味で、誘いの言葉と一緒に使えば相手の気分や好みを聞くことができます。

> If you feel like it, would you like to go for dinner with us?
>
> 「もしよろしければ、私たちと夕食に出かけませんか?」

> If everyone feels like it, why don't we all just go outside and get some fresh air a bit?
>
> 「みなさん、もしよろしければ外に出てちょっと気分転換でもしませんか?」

▶ ……には興味がおありですか？

□ Would you be interested in ... ?

"be interested in" は遠回しに相手を誘ったり、何かを勧めたりするときにも使います。
さらに丁寧さを表すために「もし仮に……だとすれば」という「仮定のwould」を使うと上品さが増します。

Would you be interested in going to a jazz concert?

「ジャズのコンサートに**興味がおありでしたら**行きませんか？」

Would you be interested in joining our Sunday cooking class?

「日曜日の料理教室への参加に**ご興味はおありですか？**」

Would you be interested in tasting our wines?

「当店のワインを**お試しになりますか？**」

さらに役に立つ表現

▶ ……にご興味があるかもしれないと思いまして

□ I thought you might be interested in ...

さり気なく何かを勧めたり誘ったりするときによく使うフレーズです。"might be interested in …" は「ひょっとして……に関心があるかもしれない」ですから、間接的な表現になります。

I thought you might be interested in this information.

「この情報にご興味があるかもしれないと思いまして」

I thought you might be interested in our meeting next week.

「来週の私たちの集まりに、ご興味があるのかもしれないと思ったのですが」

☐ I thought you might find ... interesting.

突然に勧誘するファーストコンタクトの誘いにも使います。"find … interesting" は「……が興味深いと思う」という意味です。相手が興味深そうなことで勧誘する場合によく使います。

I thought you might find this information interesting.

「この情報にご興味があるかもしれないと思いまして」

I thought you two might both find this article interesting.

「お二人とも、この記事にご興味があるかもしれないと思いまして」

さらに役に立つ表現

▶ もし私に何か提案できるとすれば、……

☐ If I may suggest something, ...

謙虚に提案するときに提案内容の前に置くクッション表現です。丁寧に許可を取るときの表現で、「私が提案してもよろしければ」と、相手の権限を尊重しています。

If I may suggest something, perhaps you should go online and check whether the item is within the carry-on limit.

「もし私に何か提案できるとすれば、その品物が機内に持ち込めるサイズのものかインターネットで調べてみてはいかがでしょうか？」

▶ これはいかがでしょうか？

☐ Could I suggest something?
☐ May I suggest something?

提案の前に一言添えます。丁寧な響きがあるのが may。さり気ないセンテンスですが、フォーマル感も出せます。

> Could I suggest something? Why don't you organize lunch with your friends?
>
> 「**これはどうですか？** あなたの友達とランチを企画してみては？」

▶ ひとつ提案があるのですが

- ☐ Could I make a suggestion?
- ☐ May I make a suggestion?

前述の表現にあった "suggest" の代わりに "make a suggestion" を使った表現です。

> Could I make a suggestion? Perhaps, we could wait until he tells us.
>
> 「**ひとつ提案があるのですが、**彼から話し出すまで待っていてもいいかもしれません」

さらに役に立つ表現

May I make a suggestion? Perhaps, it would probably be better to keep your options open at this stage, instead of narrowing them down.

「**ひとつ提案してもよろしいでしょうか?** この段階では選択肢を絞り込まずに広げておいた方がいいかもしれません」

▶ 私に何か提案できるかもしれません

□ I could possibly suggest something.

さらに謙虚な姿勢を見せるなら "possibly" を使います。

I could possibly suggest something. Why don't we draw up a proposal and bring it to the next meeting?

「**私に提案がございます。**企画書にまとめて次の会議で出してみてはいかがでしょうか?」

▶ ……していただけるとうれしいです

□ We would be delighted to ...

"be delighted to …" は「……してうれしい」ですから、遠回しに誘うフレーズです。

We would be delighted to have you over for our New Year's party.

「新年会に来ていただけるとうれしいです」

Column 2　日本人の「誤解される英語」

え！？
そんな意味で伝わってたの？？

日本語を英語に直訳すると、自分が意図しない意味で伝わってしまうことがあります。

（場面1）
外国人の友人の手料理をごちそうになっています。すっかり満腹になりましたが、おかわりをすすめられたとき。

× That's enough.
　「もうたくさんだ」

○ I'm all right, thanks.
　「ありがとう、お腹いっぱいです」

（場面2）
料理を食べてから「おいしい」と言いたいとき。

× It's good.
　「まあまあだね」

○ It's really good.
　「すごくおいしいね」

(場面3)
食事中に、テーブルにグラスの水をこぼしてしまいました。「大丈夫？」と声をかけられて、「大丈夫」と言いたいとき。

× It's OK.
「いいから放っておいて！」

○ Don't worry about it.
「お気になさらないでください」

日常的に使うフレーズは丸暗記するなどして、生活の中に正しく組み込んでいきましょう。

Scene 3

失礼にならない
ように尋ねる

わからないことはあいまいにせず、事情を明らかにしておきたいものです。同時に、必ずしも望む答えが返ってくるとは限らないと察することも大切です。
質問する場合は、直接的な疑問文の語調を和らげることで、**相手に失礼にならないように尋ねることができます**。それが、スマートな会話への一歩となります。

Q
このようなとき、何と言いますか？

会社の上司と英語で話をしています。
その際、上司が話す内容が理解できない場面に遭遇しました。
「おっしゃる内容がよくわからないのですが……」
と尋ねたいとき、
あなたなら何と言いますか？

△ エコノミークラスな表現

I can't understand you.

あなたのことが理解できません。

○ ビジネスクラスな表現

I'm not sure I understand what you mention.

私にはおっしゃることが理解できないようですが……。

◎ ファーストクラスな表現

I'm sorry, but I'm not sure I understand what you mention.

申し訳ないですが、あなたのおっしゃることがわからないのですが……。

シンプルな表現ですが、相手をバカにしたような印象を与えてしまいます。相手との距離をつくっています。

"I'm not sure ..." は「……はわかりません」という意味です。
婉曲的なニュアンスが出て、失礼な態度を避けることができます。

上の "I'm not sure ..." の前に、クッション言葉として、"I'm sorry, but ..." を置くことで、相手のことを大切に思っているという気持ちが伝わります。

さらに役に立つ表現

▶ ちょっとお尋ねしてもいいでしょうか？

□ Could I ask something?

相手に何か尋ねるときのシンプルな前置きです。

Could I ask you something? Do you have your business card?

「ちょっとお尋ねしてもいいでしょうか？　名刺をお持ちですか？」

□ May I ask something?

may は could よりもさらに丁寧でフォーマル感があります。

May I ask you something? Could you give us some of the details of the matter, please?

「ちょっとおうかがいしてもよろしいでしょうか？　その問題の詳細についてお話しいただけますか？」

▶ もしかして……ですか?

□ Would you happen to ... ?

"happen to …" で「もしかして……、ひょっとして……」という意味です。"Do you happen to …?" でもいいのですが、would を使うことでさらに丁寧な質問になります。

Would you happen to be Japanese?

「もしかして日本人の方ですか?」

Would you happen to go out for lunch?

「もしかしてランチに行こうとされていますか?」

さらに役に立つ表現

▶ もしおうかがいしてもよろしければ、……

□ If you don't mind me asking, ...?

「こんなことを聞いても大丈夫かな?」と躊躇するような質問の前に使うと便利です。

If you don't mind me asking?

「**おうかがいしてもよろしいですか?**」

If you don't mind me asking, would you happen to be the owner of this company?

「**おうかがいして差しつかえなければ**、もしかしてこの会社のオーナーの方ではありませんか?」

If you don't mind me asking, weren't you at the restaurant last night?

「**ひょっとして**、昨夜そのレストランにいらっしゃいませんでしたか?」

▶ ……の可能性はありますか？

□ Is there any chance ...?

chanceの後に "of …ing" がくる場合と、センテンスがくる場合があります。

Is there any chance of getting my seat upgraded?

「**ひょっとして座席をアップグレードできる可能性はありますか？**」

Is there any chance we could set our meeting time back to 4 p.m. tomorrow?

「ミーティングの時間を明日の午後4時にずらしていただける**可能性はありますか？**」

さらに役に立つ表現

► ……かなと思いまして

□ I'm just wondering, ...

質問をするときの前置き表現です。just は状況に合わせて省略してもかまいません。
このフレーズの後には、疑問文を続けたり、if や whether、または who などの接続詞でつなぐ場合もあります。

I'm just wondering, is this jacket yours?

「このジャケットはあなたのもの**かと思いまして**」

I'm wondering how often I should take these tablets a day.

「この錠剤は1日に何回服用すればよいの**かなと思いまして**」

☐ I was just wondering, ...

過去進行形を使うことによって、さらにソフトなニュアンスになります。just はシーンに合わせて省略できます。

I was just wondering, could I use this voucher for lunch as well?

「この割引券はランチにも使える**かしら?**」

I was wondering if you could tell me about Max.

「マックスについて教え**ていただけるかしら?**」

I was wondering how long it would take.

「どのくらい時間がかかる**のかなと思いまして**」

Column 3　日本人の「誤解される英語」

いきなり質問する前に、「クッション言葉」を

みなさんは英語で質問をするとき、取材のようにいきなり本題について尋ねていませんか？
訪日されている外国人に

"Where are you from?"
「どこから来ましたか？」

というように、突然会話に入ってしまうパターンです。
特に**初対面なら、多少の遠慮を見せた方が上品**です。
たとえば、会話に入る前に一言、

"Welcome to Japan."
「日本へようこそ」

を加えるだけでも、そこから始まる会話が上質になるでしょう。この一手間が、**「おもてなし」への第一歩**です。

以前、欧米人の方が、日本人との行動の違いを指摘した記事を読んだことがあります。その内容は、「日本人は前置きもなく、いきなり職業や出身地を聞く」というものでした。
確かに、欧米人は職業や年齢などプライベートなことを聞く前に**必ず前置きをしています。**

クッション言葉となる前置きとしては、たとえば、

"Could I ask you a private question?"
「プライベートに関する質問をしてよろしいですか?」

"If you don't mind me asking,"
「もしよろしければお聞きしたいのですが」

のようなものがあります。こういった言葉を伝えて、相手の了承を得てから質問するのが普通です。

やむを得ず年齢を質問するとなれば、なおさら気を遣わなくてはなりません。

"Would it be rude to ask your age?"
「年齢を聞いたら失礼でしょうか?」

と、失礼だということを前提として質問をすればまだいいのですが、

"How old are you?"
「歳はいくつ?」

のように単刀直入に聞いてしまう日本人がいるようです。
これでは、カジュアルを超えて失礼にあたりますので、くれぐれも気をつけましょう。

Scene 4

言いにくいこと を伝える

相手の間違いを指摘するときには、攻撃的にならないように、主語に you など人を指す名詞を極力使わないようにします。
"There is／are ⋯." などを用いて、責任は誰にあるのかを明らかにせず、**不特定な形で示す**ことがポイントです。問題の矛先を特定の人に向けることなく、**客観的で穏便に状況だけを伝える**ことができます。

Q

このようなとき、何と言いますか？

上司が作った資料を見ていて、
取引先の業績を誤って記載しているのを発見しました。
そこで上司に、
「この数字が間違っています」
と伝えたいと思います。
あなたなら何と言いますか？

△ エコノミークラスな表現

You've done this wrong.

これ、間違ってるよ。

○ ビジネスクラスな表現

You've made a small mistake with these numbers.

ここの数字、ちょっと間違えていますよ。

◎ ファーストクラスな表現

Sorry, sir, but there seems to be a small miscalculation here.

申し訳ありませんが、ここの計算が少し違っているようです。

完全に上から目線です。職場で先輩や上司に対して使う表現ではありません。

これは、部下や同僚には使える柔らかい言い方です。smallは「ちょっと」という意味で、これをつけ加えることで謙虚な姿勢が伝わります。

参考

Would you mind checking these figures again, please?
「この数字をもう一度確認してもらえませんか？」
丁寧にお願いするときの言い方です。

顧客や先輩のミスに対して "seems to be …"「……のようです」や「……と思われます」を加えることで、断定的な言い方を避け、柔らかく伝えることができます。
目上の人やお客さまに対して控えめに指摘するときに使います。

さらに役に立つ表現

▶ すみません、失礼かもしれませんが、……

□ I'm sorry. I might be out of line but ...

伝えにくいことを相手に話すときのクッション言葉です。心の準備をしてもらうための前置きとして使います。

I'm sorry. I might be out of line but you seem to be worried about nothing.

「**すみません、失礼かもしれませんが、**無用なご心配をなさっているように見受けられます」

▶ 私の勘違いかもしれませんが、……

□ I might be wrong, but ...
□ It could be wrong, but ...

助動詞の過去形である might や could を使って、「もしかして……かもしれない」という意味を表す推量表現です。
自分の意見が絶対でないことを伝えます。

I might be wrong, but I seem to remember booking the room at 10 a.m., not 11 a.m.

私の勘違いかもしれませんが、午前11時ではなくて10時にその部屋を予約したと記憶しているのですが」

It could be wrong, but didn't I give you your umbrella back?

私の勘違いかもしれませんが、あなたに傘をお返ししませんでしたか?」

☐ Maybe I'm wrong, but ...

助動詞の過去形を使わない分、カジュアル感が出る表現です。

Maybe I'm wrong, but I'm under the impression that they are not very interested in the book I wrote.

私の勘違いかもしれませんが、彼らは私が書いた本にあまり興味を持っていないという印象があるのですが」

さらに役に立つ表現

▶ 実は、……

□ Actually, ...

相手の想像に反することを言う前のクッション言葉です。相手の驚きや衝撃を和らげるために日常的に使われます。

Actually, we are all booked up through this year.

「**実は、今年いっぱい予約で埋まっております**」

□ In fact, ...

"Actually, …" は状況によってはくだけた表現になりますが、"In fact, …" はフォーマルな会話に適しています。

In fact, you can even place an order on Internet.

「**実際、インターネット上でも注文できます**」

☐ To tell the truth, ...

"truth"「真実」という言葉が使われているように、よりフォーマル感がある言い方です。

To tell the truth, I don't see that way.

「**実のところ**、私はそうは思っておりません」

☐ Honestly, ...
☐ To be honest, ...

言いにくいことを言う前に使うクッション言葉です。

Honestly, I don't completely agree with him.

「**正直なところ**、彼の意見に完全に賛成というわけではありません」

To be honest, I'm not very familiar with the matter.

「**正直なところ**、この件に関してはあまりよく知らないのです」

さらに役に立つ表現

▶ ……があるようです

□ There seems to be ...

相手を名指しすることなく、間違いや問題点を婉曲的に伝えるフレーズです。seem に「s」を忘れずにつけましょう。

There seems to be a small mistake with this bill.

「この請求書にはちょっと間違い**があるようです**」

▶ 少し……すぎます

□ a little bit too ...

好ましくない状況をソフトに伝えたいときに役立ちます。"too" だけだと「あまりにも……すぎる」という強い表現になりますが、"a little bit" をつけ加えることで強さが和らぎます。

This request is a little bit too much for them.

「この要求は、彼らには**少し多すぎます**」

▶ もう少し……になるかもしれません

□ could be a little bit more ...

現状をネガティブに批判することなく、改善の余地を前向きに指摘する場合に役立ちます。「もし……であれば、〜になるかもしれません」という現時点や未来に対しての推量です。
この柔らかい感触は could によってもたらされています。今後の改善点をポジティブに示し、相手がより受け入れやすいコメントになります。

This point <u>could be a little bit more</u> specific.

「この点は**もう少し具体的になるかもしれません**」

さらに役に立つ表現

► **かなり……かもしれません**

☐ might be quite ...

言いにくいことをやんわりと伝えるのに効果的な表現です。主観的な意見を伝えるときでも断定的にならないように、確信度の低い「推量の might」を使います。

This product might be quite expensive.

「この商品でしたら、**かなり**値段が高い**かもしれません**」

▶ それほど……というわけではありません

□ not very ...

否定の度合いを弱めるテクニック表現です。言いにくいことを伝えるときに、度合いの強い語に否定語を加えます。
"not + very +形容詞" で「それほど……でない」になります。
部分否定です。

The quality is not very high.

「質は**それほど良いというわけではありません**」

I must say that the result is not very positive.

「結果は**あまり前向きなものではない**と言わなければなりません」

Column 4　日本人の「誤解される英語」

シンプルを目指しすぎると失礼になる！？

「英語はシンプルでいい」という風潮がありますが、シンプルになりすぎると、コミュニケーションに問題が生じてしまう場合があります。
たとえば、資料作成の締め切りに間に合わせようとしている同僚との会話を見てみましょう。

（場面1）

Do you have time to prepare the materials before the presentation?
「資料の作成、プレゼンまでに間に合うかな？」

× Yes!　「わかったよ！」

「もちろん！」のつもりが面倒なニュアンスの返答になっています。
次のような定番の表現を使って答えるとスマートです。

○ Of course.
○ No problem.
○ Sure.

(場面2)

急いで必死に資料作成している同僚の姿を見かけて、進捗を気づかって一言。

× What are you doing?　「何やってんの?」
　これだと、通りがけに「おいっ、何をしているんだ?」と聞いている感じになり、相手から冷たい返答を受けてしまいます。
　たとえば、次のように配慮を持った聞き方をしましょう。

○ How is it going?
「(資料は) どんな状況ですか?」

Scene 5

上手に断る

上手に断るときのポイントは、「残念な」気持ちを言葉で表しつつ、確実に感謝の気持ちを込めることです。
これに加えて、声のトーンや表情でしっかり伝えることも大切です。

Q
このようなとき、何と言いますか？

上司から、仕事の手伝いを頼まれました。
しかし、あいにく時間がなくて、
「どうしてもできません」
と勇気を出して断ろうと思います。
あなたなら何と言いますか？

△ エコノミークラスな表現

I just can't do it.

それはどうしてもできません。

○ ビジネスクラスな表現

Sorry, but I'll have to say no.

ごめんなさい、どうしても無理です。

◎ ファーストクラスな表現

I'd love to help, but I'm not available.

ぜひ協力したいところですが、あいにく都合がつかないです。

「できない」ことを直球で相手に投げた感じです。通常、しつこくお願いしてくる相手に対して、きっぱりと断るときに使います。

気を遣いながら断る表現です。状況や口調によっては、意地悪に伝わる場合もありますので注意が必要です。話すトーンでもニュアンスが変わります。

何かを頼まれたら"I would love to ..."「ぜひ……したい」と答えると、協力してあげたいという気持ちが出ます。
love の代わりに like も使えますが、カジュアル感があります。
断らざるを得ないときは、"I'd love to help, but ..."と言います。"I really wish I could, but ..."「そうしたいのはやまやまなのですが……」という言い方もあります。
but の後は、力を貸せない理由（義務や予定など）が続きます。

さらに役に立つ表現

▶ 申し訳ございませんが、……

□ I'm sorry but ...

言いにくいことを伝える定番表現です。相手の要望が自分の責任範囲を超えていて、それに応えることができない場面で使います。

I'm sorry but I won't be able to join the tea party tomorrow.

「**申し訳ございませんが、明日のティーパーティには行けないです**」

▶ 残念ながら、……

□ I'm afraid (that) ...

言いにくいことを言う前の表現として便利です。何らかの理由で、どうしても相手の意向に添えないような場合に、残念な気持ちを込めてその理由を伝えます。
that の後にはセンテンスが続きます。この that は省略されることがあります。

I'm afraid that I can't do that.

「残念ながら、それはできません」

I'm afraid I'm not available at that time.

「申し訳ございませんが、そのときは都合がつきません」

I'm afraid, something has come up and I have to be going.

「残念ですが、用事ができてしまい行かなくてはなりません」

さらに役に立つ表現

▶ 申し訳ないのですが、……（ので失礼します）

□ If you'll excuse me, ...

ここでの excuse は「……を許す」です。直訳が「私を許してくれるならば」ですから、フォーマルな場面の表現と言えます。
その場を離れるときの決まり文句です。

If you'll excuse me, I must be going.

「**申し訳ないのですが、行かなくてはなりません（ので失礼します）**」

If you'll excuse me, I have to get back to work.

「**申し訳ないのですが、仕事に戻らなければなりません（ので失礼します）**」

▶ そうできればいいのですが、……

□ That would be great, but ...

that は相手からの誘いの内容です。would の仮定表現で断定を避けて、残念さを表します。

That would be great, but we'll be away for the week.

「そうできればいいのですが、私たちはその週は出かけて留守になります」

□ I wish I could (...), but ...

could を使っているように仮定表現です。相手が言ったことを繰り返さず、"I wish I could, but …"「そうしたいのですが……」と言うとさらにスマートです。

I wish I could join you, but I have another engagement on that day.

「ぜひご一緒できたらいいのですが、その日は別の用事がありまして……」

さらに役に立つ表現

► 誘っていただいてありがたいのですが、……

□ Thank you for asking, but ...
□ Thank you for your offer, but ...

相手に嫌な思いをさせない丁寧な断り方です。先にお礼を述べてから自分の都合を伝えます。
相手からの誘いを断るときの決まり文句です。

Thank you for asking, but I have to work overtime tonight.

「誘っていただいてありがたいのですが、今日は残業をしなければなりません」

Thank you for your offer, but I'm satisfied with my present job.

「お話はありがたいのですが、今の仕事に満足しています」

▶ 差しつかえなければ、……

□ If you don't mind, ...

相手の誘いや依頼をやんわりと断りたいときや、代案を提案して変更をお願いしたいときに役立つ前置きのフレーズです。

<u>If you don't mind</u>, could we do that tomorrow, not today?

「**差しつかえなければ**、今日ではなくて明日にするわけにいきませんか?」

<u>If you don't mind,</u> I'd like to go back home to rest.

「**差しつかえなければ**、自宅に戻って休ませていただきたいのですが」

さらに役に立つ表現

▶ できれば、……

□ If possible, ...

"If it is possible, …" の省略表現で、前置き表現です。こちらの希望を伝える場合に使うと、一方的で強引に押しつける感じがなくなります。

If possible, I would prefer not to do it.

「**できれば、**したくありません」

If possible, could we discuss this in your office, not here?

「**できれば、**ここではなくてあなたのオフィスで、この件についてお話しできませんか?」

If possible, how about talking about it over lunch?

「**できれば、**お昼を食べながらそれについて話しませんか?」

Premium advice
「'No' は言わない！」というよりも……

ある会社の接客マニュアルに「お客さまに 'No' と言ってはいけない」とありました。
'No' と言う代わりに、前向きな言葉を使おうという趣旨だと思いますが、欧米人との会話では、'No' と言うべきときはしっかり言わないと、結果的に相手に迷惑をかけてしまうことがあります。
断らないことを大事にするよりも、できないことは断るべきだということを前提にして、「いかに丁寧に、上手に断るか」にフォーカスすべきです。
「お断り」した相手には、その後のフォローもお忘れなく。

Scene 6

お礼を言う

感謝の気持ちを述べる際、漠然と「ありがとう」と言うだけでは物足りない。相手への好意を具体的に表現しながら、お礼の気持ちを伝えたいものです。
何に対しての感謝の気持ちなのかを明確にすることで、**相手の心づかいを理解していることが伝わり、印象に残るお礼の言葉**になります。
ポジティブな形容詞の語彙をたくさん持っておくと、よりバリエーションが広がります。

Q
このようなとき、何と言いますか？

あなたが立ち上げたプロジェクトは、
たくさんの同僚の力を借りて大成功を収めました。
感謝の気持ちを込めて、
「本当にありがとう」
と伝えたいと思います。
あなたなら何と言いますか？

△ エコノミークラスな表現

Thank you.

ありがとう。

○ ビジネスクラスな表現

I can't thank you enough for everything you've done.

いろいろしていただき、感謝のしようもありません。

◎ ファーストクラスな表現

I'd like to express my sincerest gratitude.

心よりお礼申し上げます。

"Thank you."は非常にありきたりなお礼表現です。
ほかのカジュアルな表現には、"I owe you one!"「すまないね！」や "Thanks."「ありがとう」などがあります。
"I really appreciate this."「本当にありがとう」もややカジュアルな言い方です。この appreciate は、thank よりも強い感謝を表す言葉で、「人」ではなく「物事」や「人の行動」を目的語に取ります。

いろいろなサポートをしてもらって、お世話いただいたときのお礼に使うことができます。「十分に感謝できない」という直訳から、「感謝してもしきれない」というニュアンスになります。
お別れ際の挨拶に使うと、気分よく会話を締めくくれます。

"I'd like to express ..."「……を申し上げます」は、お礼や謝罪を表明する場合のかしこまった表現です。
ここでは、sincere「誠実な」の最上級が使われているため、感謝の気持ちが強く伝わります。フォーマル感がありますので、会話だけではなく、文書でも使える表現です。

さらに役に立つ表現

► ……に感謝しています

☐ I appreciate ...

"Thank you." とともに、会話や文章においてもよく使う定番表現です。

I sincerely appreciate your help with the charity.

「チャリティを手伝っていただいて、**本当に感謝しています**」

Thank you very much for that. I appreciate it.

「どうもありがとうございます。**感謝しています**」

☐ I'm appreciative of ...

appreciate「感謝する」の派生語で、「……を感謝している」という意味の形容詞です。

I am very appreciative of her special support.

「彼女の特別なサポートには**とても感謝しています**」

- [ ] I'm (We're) grateful for ...
- [ ] I'm (We're) thankful for ...

appreciate と同様に、感謝の気持ちをより丁寧に伝えることができます。印象に残るお礼を言えます。

I'm very grateful for your kindness during my stay.

「滞在中のあなたのご親切に**深く感謝しております**」

We're thankful for being able to come here.

「私たちはここに来ることができて**感謝しています**」

さらに役に立つ表現

▶ それは助かります

- That will/would be great.
- That will/would be excellent.
- That will/would be fantastic.
- That will/would be perfect.

ポジティブな形容詞を使ったお礼の表現です。ポイントは will。相手の行為のおかげで、自分が助かることを予想して、前もってお礼を言うニュアンスです。
will の代わりに過去形の would を使うことで「**そうしていただけるなら（助かります）**」という感じが加わります。丁寧で、遠慮がちに何かをお願いすることができます。

A: I'll check the vacancy for you.
B: That'll be great.

「空き状況をお調べしますね」
「それは助かります」

A: We have a table facing a great view. If you like, we can reserve it for you two.
B: <u>That would be perfect.</u>

「素晴らしい景色に面しているテーブルがございます。よろしければ、お二人用に予約いたしましょうか?」
「**それはありがたいです**」

▶ ……していただけるとありがたいです

□ I would appreciate it if you could ...

ポイントは、助動詞の過去形を使った「仮定の would」です。「もしそうしていただければ」のように、控えめなニュアンスを伝えることができます。文書でも締めくくりの言葉として活用できます。

<u>I would appreciate it very much if you could</u> provide your feedback regarding my proposal.

「私の提案に関してご意見を**頂けますと大変ありがたいです**」

さらに役に立つ表現

▶ ……していただけますと幸いです

□ I would be grateful if you could …

先ほどの表現同様、would がポイントになります。「ありがたく思う」というニュアンスで、フォーマルな場面にピッタリです。

I would be grateful if you could tell me what time you could come.

「何時にお越しいただけるか教えていただけますと幸いでございます」

▶ 感謝の言葉もありません

□ no words to express my (our) appreciation

最上級の感謝の気持ちを表します。日本語でも「感謝の言葉もありません」と言えば、感謝の気持ちを強く伝えることができますよね。文書で感謝の気持ちを伝える際にも良い表現です。

読者限定《無料》プレゼント

ビジネスコミュニケーション本の王道
「コミュニケーションはキャッチボール」
(販売価格 1,100 円) を無料でプレゼント！

- ✅ 部下をお持ちのマネージャーや経営者
- ✅ これから部下を持ちたいリーダー
  におすすめの書籍です。

この本の出版社、ディスカヴァー・
トゥエンティワンのオーナーでもある
日本コーチング第一人者・伊藤守による
著書です。

発行部数 **300万部** 以上

スマホでも PC でも読める電子書籍でお届けします。
※PDF の電子書籍です。書籍をお送りするものではありません。

LEARNWAY

無料プレゼントの入手方法

QR コードまたは下記 URL にアクセス
coach.d21.co.jp/book

ビジネptomsの
パフォーマンスは
コミュニケーション
で決まる。

組織が最大限の
パフォーマンスを発揮する！
ビジネスコミュニケーションの王道

Discover

「コーチング」の本を
丸ごと 1冊 プレゼント

詳しくは裏面

There are no words to express my appreciation.

「何とお礼を申し上げればよいか、**感謝の言葉もありません**」

Premium advice

"Sorry" か "Thank you" か

日本語での会話では、感謝を示す意味で「すみません」という言葉が使われることがあります。

しかし、英語でも同じように、感謝の意味で "I'm sorry." と言っても、感謝の気持ちは伝わりません。

感謝の気持ちを伝えるには、"I'm sorry." ではなく、"Thank you." と言うようにしましょう。

Scene 7

謝る、謝罪する

日本人は頻繁に「すみません」を使います。それと同じ感覚で、ついつい" I'm sorry. "と言ってしまう方も多いと思いますが、あまりに連発しすぎると、非常に軽いイメージになってしまいます。
また、謝る際には、**何に対してのお詫びかを明確にする**となおよいでしょう。

Q
このようなとき、何と言いますか？

あなたは、電話でお客さまからの注文を
間違って受けてしまいました。
すでに発注をかけてくれた同僚に、
「本当に申し訳ありませんでした」
と誠心誠意、謝罪しようと思います。
あなたなら何と言いますか？

△ エコノミークラスな表現

I'm sorry about that.

すみませんでした。

○ ビジネスクラスな表現

I'm so sorry. It's entirely my fault.

本当に申し訳ございません。すべて私の責任です。

◎ ファーストクラスな表現

I'd like to offer my sincere apologies. I can assure you this will never happen again.

誠に申し訳ございませんでした。このようなことが二度とないことをお約束します。

親しい関係における謝罪の表現です。ほかに、次のようなカジュアルな表現があります。

I must have missed that. Sorry.
「見逃したみたいです。ごめんなさい」
Oops! My bad!
「おっと！ 悪いね！」

言い訳の余地がないときに謝罪するならこの表現です。「全責任がこちらにある」と言い切る分、申し訳ない気持ちが強く伝わります。

特に、やむを得ぬ事情で相手に迷惑をかける場合、謝罪だけではなく相手への気づかいを伝えることも大事です。
assure「……だと保証する」は、確約して安心させる意味が強いので、必要以上にへりくだることなく、不手際に対してポジティブに対処する姿勢を示すことができます。
気づかいを感じさせる謝罪は、ビジネスパーソンが必ず知っておくべき表現のうちの１つです。

さらに役に立つ表現

▶ もし……でしたらごめんなさい

☐ I'm sorry if ...

if という仮定を示すことで、こちらに落ち度や不備があった場合の懸念を表すことができます。if に続く文は、未来のことでも現在形で言います。時制に注意しましょう。

I'm sorry if this sounds rude.

「**もし失礼に聞こえたようでしたらごめんなさい**」

▶ もし……でしたら申し訳ございません

☐ I apologize if ...

sorry と類似表現ですが、apologize を使うとフォーマル感が出ます。

I apologize if I'm being repetitive.

「**もし同じことを繰り返していたら申し訳ありません**」

I apologize if this isn't correct.

「これが正しくなかったら申し訳ございません」

▶ ……をお許しください

□ Please excuse ...

"I'm sorry." よりもへりくだって許しを請う感じです。

Please excuse the mess. I've just come back from a long business trip.

「散らかっていて**すみません**。長い出張から帰ってきたばかりでして」

さらに役に立つ表現

► ……して申し訳ございません

□ I'm sorry for ...
□ I'm sorry that ...

日常でよく使われるおなじみの表現です。for の後には名詞または名詞相当語句（動名詞など）が、that の後にはセンテンスが続きます。

I'm sorry for the short notice.

「突然のお知らせで**申し訳ございません**」

I'm sorry that this has happened.

「こんなことになってしまって**申し訳ございません**」

I'm sorry, too for getting carried away.

「こちらこそ調子に乗ってしまって**申し訳ありません**」

▶ ……したことをお詫び申し上げます

□ I apologize for ...
□ I apologize that ...

sorry よりもフォーマル感があります。for の後には名詞または名詞相当語句（動名詞など）が、that の後にはセンテンスが続きます。

I apologize for being late.

「遅れて**申し訳ありません**」

I deeply apologize that I made slip-up when I processed your order.

「お客さまのご注文を処理した際にミスがございまして、**大変申し訳ございません**」

さらに役に立つ表現

▶ ……に対してお詫びさせてください

☐ Let me apologize for ...

"I apologize for" の類似表現です。for の後には、名詞または名詞相当語句（動名詞など）が続きます。

Let me apologize for the delay in starting the meeting.

「会議の開始が遅れまして**お詫び申し上げます**」

☐ My apologies for ...

省略表現ですが、仰々しくならないようスマートにお詫びができます。for の後には、名詞または名詞相当語句（動名詞など）が続きます。

My apologies for cross-posting.

「メールを重複して送ってしまい**お詫びいたします**」

▶ ……をどうぞお許しください

□ Please accept my apologies for ...

メールなどの書き言葉でよく使われる丁寧な表現です。apology「謝罪」は複数形で使います。for の後には、名詞または名詞相当語句（動名詞など）が続きます。

Please accept my apologies for being late.

「遅くなりましたこと、**どうぞお許しください**」

▶ ……だといいのですが

□ I hope ...

お詫びを含めて希望を表現するとスマートな謝罪になります。副詞をつけて、お詫びの気持ちを強調するような応用もできます。

さらに役に立つ表現

I hope it's not too much trouble for you.

「あまり迷惑でないといいのですが」

I sincerely hope that this was not inconvenient for you too much.

「今回のことで、あまりご不便をおかけしなかったことを心より願っております」

▶ ……をどうかお許しください

□ Please forgive me for ...

許しを請うフレーズです。

Please forgive me for taking so long to reply.

「お返事がこんなに遅くなってしまったことを、どうかお許しください」

Premium advice

謝罪されたときは、どう返事する?

相手から謝罪を受けても返事をしないでいることはありませんか?
そうすると、まだあなたが怒っていたり不愉快な気持ちでいたりしていると思われてしまいます。

謝罪に品よく返答するには、
"There was no harm done."　「気にしないでください」
"I quite understand."　　　「お気持ちはよくわかります」
があります。
さらに、
"I appreciate your apology."
　　　　　　　「謝罪してくれてありがとうございます」
とつけ加えれば、謝罪への返答としては十分でしょう。

Part 2

相手の話を聞く

Scene 8

相づちを打つ

相づちは、頻度と受け答えの適切さが大切です。 相手の話を「聞いている」「理解している」ことをうまく伝えるようにします。
そのためには、軽くうなずく表情を含め、相手の気を散らさない程度に**スマートに受け答える言い方**を身につけましょう。
また、同じ相づちの表現を使いすぎると、あまり話を聞いていない雰囲気が出るので要注意です。

Q

このようなとき、何と言いますか？

お客さまが近況をあなたに語っています。
旅行に行ったときの話で、
「世界的に有名な歌手とレストランで相席になった」
と言いました。
あなたはその歌手のファンで、その話を信じることができず、
「本当ですか？」
と聞きたいと思います。
あなたなら何と言いますか？

△ エコノミークラスな表現

Are you sure?

本当ですか?

○ ビジネスクラスな表現

Is that right?

そうなのですか?

◎ ファーストクラスな表現

That seems hard to believe.

それは信じがたいものがあります。

語順と声のトーンに変化をつけて"You are sure?"と肯定文で言うと、さらにカジュアルな感じになります。
"Really?"「マジ?」もうまく使いこなせるとスマートですが、タメ口のニュアンスですし、「本当ですか?」の意味のつもりが、「ウソじゃない?」という意味で言っているととられる場合があります。何度も言うとくどくなりますので、会話の流れによって適切に使いましょう。

主語をyou（相手）ではなくthat（内容）にすることで、相手を責める感じにはなりません。
ストレートに「信じられない」と言っても、相手ではなく話した内容にフォーカスすることで、相手を疑うことのないスマートな会話になります。

"That's hard to believe."と言い切らずに、seem「……と思われる」の一語を加えることで語調を和らげています。
この一手間で、気づかいのあふれるプレミアムな会話になります。

Scene 8

さらに役に立つ表現

▶ そうなんですか?

- Are(n't) you?
- Were(n't) you?
- Do(n't) you?
- Did(n't) you?
- Have(n't) you?
- Will/Won't you?
- Would(n't) you?

相手の言葉を受けて、「そうなんですか?」と繰り返す相づち表現です。

相手が話した主語と動詞、時制によって返す言葉を変化させます(相手の言葉に否定語が入っていれば、否定語を入れます)。相づちとしては使いやすく、スマートに聞こえます。

また、語調やトーンを変化させるだけでちょっとした「受け答え」から「驚き」まで幅広く使えるので、とても重宝する表現です。

A: I'm going to change jobs.
B: <u>Are you?</u>

「転職するつもりです」
「そうなんですか?」

主語はyou であり、動詞は be 動詞、時制は現在形なので、"Are you?" と返答しています。"Are you going to change jobs?" を短縮したものだと考えることもできます。

A: I've never been to Europe.
B: <u>Haven't you?</u>

「ヨーロッパには一度も行ったことがありません」
「そうなんですか?」

主語は you であり、動詞は have never been、時制は現在完了形なので、"Haven't you?" と返答しています。

さらに役に立つ表現

▶ そうですね／そんなことはないですよ

- Yes, you are. / No, you aren't.
- Yes, you were. / No, you weren't.
- Yes, you do. / No, you don't.
- Yes, you did. / No, you didn't.
- Yes, you have. / No, you haven't.
- Yes, you will. / No, you won't.
- Yes, you would. / No, you wouldn't.

同意を表す相づち表現です。相手が話した主語と動詞を受けて答えます。
相手の発言に対して「そうだ」と思うなら Yes を使います。

A: I won the lottery again! Aren't I lucky?
B: <u>Yes, you are!</u>

「また宝くじに当たりました！ ついていますよね？」
「**そうですね！**」

A: I'm terrible when it comes to organizing things.
B: <u>No, you aren't.</u>

「物事を系統立てることがひどく下手です」
「いいえ、**そんなことはないですよ**」

▶ そうです／わかりました

☐ You are right.
☐ That is right.

同意や理解を示すときの表現です。"You're" や "That's"のように省略形を使うと軽いノリの相づちになります。相手やシチュエーションに合わせるとよいでしょう。

さらに役に立つ表現

A: Was the newspaper originally published in England?
B: Yes, you are right.

「その新聞はもともとイギリスで発行されましたよね」
「**ええ、そうですね**」

▶ いいですよ／もちろんです

□ Sure.

相手の依頼や申し出などに応じるときに使います。それほどかしこまらず、親しみを持った言い方です。

A: Do you have a minute?
B: Sure.

「ちょっとお時間ありますか？」
「**いいですよ**」

▶ もちろんです／そうです／わかりました／いいですよ

☐ Certainly.

フォーマルで丁寧な表現です。相手の依頼や申し出などに快く応じるときに使うと好印象を与えます。

A: I'd like to order the tickets by credit card.
B: Certainly.

「クレジットカードでチケットを申し込みたいのですが」
「かしこまりました」

▶ 確かにそうです

☐ Indeed.

同意を示す相づちです。ビジネスの場面で使う、フォーマルな大人の表現です。

さらに役に立つ表現

A: I think this presidential election has shown the great impact of the Internet on political campaign.

B: Indeed.

「今回の大統領選は、政治活動におけるインターネットの大きな影響力を示していると思います」
「確かにそうです」

▶ それは信じられないですね！

□ That's incredible!
□ That's unbelievable!

驚きや意外な気持ちを伝える言葉です。incredible はポジティブなことに対して使うので、会話を盛り上げるアクセントになります。

A: He survived two bush fires.
B: That's incredible!

「彼は山火事で2回も助かりました」
「それは信じられないですね！」

▶ 冗談でしょう?

□ You must be kidding.
□ You must be joking.

ややカジュアルな表現です。友人との会話で意外な話を聞いたときに使う決まり文句です。

A: The company that I had invested in has just gone bankrupt all of a sudden.
B: You must be joking.

「私が投資した会社が突然倒産したんだ」
「冗談でしょう?」

さらに役に立つ表現

▶ それはいいですね！

- ☐ That's good.
- ☐ That's great.
- ☐ That's excellent.
- ☐ That's fantastic.
- ☐ That's perfect.

肯定的な相づちでポジティブな言葉です。good はカジュアル。excellent は冷静な響きがあります。fantastic は陽気で明るいニュアンスがあり、漠然と喜びの表現に適しています。perfect は申し分なく素晴らしいことに使います。

A: I still have 5 day paid holidays left.
B: That's great.

「まだ、5日間分の有給休暇が残っています」
「それはいいですね」

- ☐ That sounds good.
- ☐ That sounds great.
- ☐ That sounds excellent.
- ☐ That sounds fantastic.
- ☐ That sounds perfect.

知覚動詞 sound「……のように聞こえる」を使うことで、同意や承諾のイメージが含まれて、会話にバリエーションが生まれます。

A: What about going to see a movie after dinner?
B: That sounds perfect to me!

「夕食の後、映画を観に行くのはどうでしょうか?」
「**それはいいですね!**」

さらに役に立つ表現

▶ そのとおりですね

- ☐ True.
- ☐ Exactly.
- ☐ Absolutely.

相手に同意を示す便利な相づちです。

A: You never know what the future holds.
B: <u>Exactly</u>.

「将来がどうなるかわからないですよね」
「そのとおりですね」

- ☐ You're exactly right.
- ☐ That's absolutely right.

同意を強調して表す表現です。you は that よりも親近感が出るので、同等の立場にある場合に使われます。

A: Time flies when you're having fun.
B: <u>That's absolutely right.</u>

「楽しい時間はあっという間に過ぎていきます」
「まったくそのとおりですね」

▶ きっと……でしょうね

□ It/That must be ...

<u>It</u> や <u>That</u> は相手の話の内容を指します。<u>must</u> は「……にちがいない」という強い推定の意味です。

A: I deal with more than 50 complaints from our customers on the phone every day.
B: I'm sure <u>that must be</u> a very stressful job.

「毎日、50 件以上の苦情に電話で対処しています」
「きっと、とてもストレスの多い仕事でしょうね」

さらに役に立つ表現

▶ そうなんですか？

□ Is that correct?
□ Is that right?
□ Is that true?

that は前の発言を指します。シンプルな表現なのですが、トーンによって感情も伝えることができます。驚きを加えるなら、語尾を上げます。

You went back to school after 10 years experience at being TV director. Is that right?

「テレビのディレクターを10年間なさったあとに、また学校に戻られたというのは**本当ですか?**」

▶ ……のようですね

□ It sounds like ...

相手の話に対して「……のように聞こえる」というこちらの気持ちを表します。関心や興味、共感を込めた相づちです。

A: I had to even skip my lunch because of a series of unexpected visitors.
B: It sounds like you have a lot to do.

「予期しない来客が立て続けにあって、お昼さえも食べられませんでした」
「たくさんお仕事を抱えてらっしゃる**ようですね**」

A: I forgot to save the document so I am rewriting everything from the beginning.
B: It sounds like a real pain.

「文書を保存するのを忘れて、最初から全部書き直しています」
「それは本当に大変**そうですね**」

Column 5　日本人の「誤解される英語」

「ハイハイわかった！」のように伝わっている！？

なにげなく使っている言葉が原因で、相手の気分を害してしまうことがあります。
典型的なのが、"Yes, yes." を連発した相づち。確かに相づちを打つことは大事なのですが、それでは「ハイハイ、わかったわかった」と言っている感じに受け取られてしまうのです。
では、アメリカから日本に来た旅行者に "Otani-san is famous in the U.S."「大谷（翔平）さんはアメリカで有名です」と言われたら、あなたなら何と言いますか？

× I know that.　「それぐらい知っています」
○ Oh, I see.　　「ああ、そうですか」
○ Oh, I know.　 「ええ、そうですよね」
○ I see.　　　　「なるほど」
○ Yes.　　　　　「そうですね」
○ Yes, I know.　「そうですよね」

また、**相づちだけではなく、短く返答する際にも、その言葉が持つニュアンスに注意しましょう。**

▶ 「電話を借りてもいい？」と聞かれたとき

- △ All right. 「わかったよ」
- ○ Be my guest. 「遠慮なくどうぞ」

▶ スーパーのレジの列で、後ろに急いでいる人がいるとき

- △ You go first. 「先に行け」
- ○ After you. 「お先にどうぞ」

▶ 道を尋ねられたとき

- △ I don't know. 「知りません」
- ○ Sorry, I'm not around here.
  「すみません、くわしくないもので」

Scene 9

上手に聞き返す

相手の発言がよく聞き取れなかった、あるいは聞き逃してしまったというときは、勇気を出して発言を聞き返すしかありません。
そのときのポイントは1つ。**聞き逃した瞬間に、さり気なく聞くこと**です。このタイミングは大切です。
また、ぶっきらぼうな言い方では失礼になります。聞き返すうえで、**何回も同じ表現を使わない**ことも大切です。フレーズを使い分けることで、真摯さ、丁寧さが伝わります。

Q
このようなとき、何と言いますか？

駅の雑踏の中で、取引相手と話しています。
ところが、相手が言ったことが
よく聞き取れませんでした。そこで、
「もう一度おっしゃってくださいませんか？」
とお願いします。
あなたなら何と言いますか？

△ エコノミークラスな表現

Please repeat!

もう一度言って!

○ ビジネスクラスな表現

Could you say it again?

もう一度言ってもらえますか?

◎ ファーストクラスな表現

I'm sorry, but could you say it again?

申し訳ないですが、もう一度おっしゃってくださいませんか?

"please"をつければ丁寧になると考えるのはやめましょう。相手に依頼するときには、それにふさわしい表現があります。

"Will you ...?"や"Can you ...?"で依頼を始めることができます。会話においてよく使える便利な表現です。
ただ、もう少し丁寧さを加えたいところです。そこで、CanではなくCouldを使って丁寧さを出します。常識あるお願いのしかたで、スタンダードなレベルに達しています。
"repeat"よりも"say it again"の方が柔らかい印象です。

"I'm sorry"と最初に言うことで、相手への気づかいが感じられます。依頼をする前の謝罪なので、一種のクッション言葉といえます。
このように、一言加えるだけで、とても丁寧な依頼のしかたになるのです。

さらに役に立つ表現

▶ もう一度おっしゃっていただけますか?

- Could you say that again, please?
- Would you repeat that again, please?

相手の発言を聞き返すときの定番表現です。"Could you" や "Would you" で切り出しながら、最後に "please" を加えることで丁寧さがプラスされます。上品な表現になります。

Could you say that again, please? I didn't quite catch that.

「**もう一度おっしゃっていただけますか?** あまりよく聞き取れなかったもので」

You're breaking. Would you repeat that again, please?

「声が途切れて聞こえるのですが。**もう一度おっしゃっていただけますか?**」

▶ もう一度おっしゃっていただいてもよろしいですか？

□ Would you mind saying that again?

□ Would you mind repeating that again?

相手の発言を聞き返す定番表現です。mind「〜を嫌がる」を使うことで、相手に「断っていただいてもいいですよ」という余地を残すことができます。

Would you mind repeating that again?

「もう一度おっしゃっていただいてもよろしいですか？」

▶ ……していただけますか？

□ Would you mind ...?

許可を求める丁寧表現です。mind の後には名詞か、動詞のing形が続きます。

Scene 9 | 141

さらに役に立つ表現

> Would you mind being more specific?
>
> 「もう少し具体的におっしゃって**いただけますか?**」

▶ **すみません、……をもう一度教えていただけますか?**

□ Sorry, what was ..., again?

聞き逃した一言や再確認したいことを、さり気なく聞き返したいときに使えます。過去形の was を使うことがポイントです。また、sorry と again を使うことで「同じことを二度言ってもらうのは申し訳ないのですが」というお詫びの気持ちを示すことができます。

> Sorry, what was the name of restaurant, again?
>
> 「**すみません、**レストランの名前**をもう一度教えていただけますでしょうか?**」

▶ すみません、……とおっしゃいましたか？

□ Sorry, what ... was it, again?
□ Sorry, what was that, again?

単語単位だけでなく、センテンスの単位で聞き返したいときにも使えます。it は単語を受け、that は聞き取れなかった部分を指します。カジュアルに聞き返すことができます。
Sorry の代わりに Pardon を使ってもいいでしょう。

A: Your room is 701 on the seventh floor.
B: Pardon, which room was it, again?

「お部屋は7階の701号室になります」
「すみません、どちらの部屋とおっしゃいましたか？」

A: The market rate today is US$101.00.
B: Sorry, how much was that, again?

「今日の市場価格は101.00USドルです」
「すみません、いくらとおっしゃいましたか？」

さらに役に立つ表現

► ……とおっしゃいましたか？ それとも〜ですか？

□ Did you say ... or ~?

相手の発言が「A なのか B なのか」と再確認したいときに使います。

Did you say next Sunday or Sunday after next?

「今度の日曜日**とおっしゃいましたか？** それとも、その次の週の日曜日**とおっしゃいましたか？**」

Did you say you went there or you didn't?

「そこに行かれた**とおっしゃいましたか？** それとも、行かれなかった**とおっしゃいましたか？**」

▶ ……を確認させてください

□ Please let me confirm ...

相手の発言を確認したいとき、話の区切りがついたところで相手の発言を繰り返してチェックすることができます。

Please let me confirm what you've said.

「おっしゃったこと**を確認させてください**」

Scene 10

興味を示す、感動を伝える

相手に興味を示す際のポイントは、社交辞令にならないように表現することです。そこで、**何に対して興味を持っているのか、感動を覚えたのかを、できるだけ具体的な言葉で表現する**意識が大切です。
そうすることによって、本当の思いが伝わり、効果的に相手の話を引き出すことができます。
さらに、**感情や感動を表す語彙を豊富**にしておくことによって、相手に自分の興味を具体的に伝えることができます。

Q
このようなとき、何と言いますか？

出張先で、上司と美術館に行ったときのこと。
素晴らしい作品に出会いました。
「これは素晴らしい」と、
シンプルに感動を伝えようと思います。
あなたなら何と言いますか？

△エコノミークラスな表現

I love this.

これ、すごく好きだな。

○ビジネスクラスな表現

This is the most amazing work I've ever seen.

こんなに素晴らしい作品は見たことがありません。

◎ファーストクラスな表現

This is an exceptional piece.

これはすぐれた作品です。

love は「好き」「いいと思う」という意味で、カジュアル感があり日常的に使います。like よりも好きの度合いが高いです。フレンドリーな言い方で、友達どうしであればOKです。

形容詞の最上級を使って、シンプルに感動を伝える表現です。"I've ever seen"「これまで見てきたものの中で」を加えると、ほめる度合いが上がります。

exceptional（例外的な→すぐれた）という普段使わない単語を使うことでプレミアム感が出ます。興味の気持ちは、ほめ言葉で表現しましょう。

さらに役に立つ表現

▶ ……について興味がある

□ I'm curious about ...
□ I'm curious as to ...

興味をそそられていることを表します。"as to" は about「〜に関して」と同じ意味です。

I'm curious about how you ended up overcoming the tough time.

「その困難な時期をどのように乗り越えられたのか**について興味があります（うかがいたいです）**」

I'm curious as to what everyone else thinks of this issue.

「この問題をほかのみなさんはどうお考えになっているのか**について興味があります**」

▶ ……に感心する

□ I'm fascinated by ...

"be fascinated by …" は「……に感心させられる」という意味で、興味の度合いが高いことを表す表現です。

I'm fascinated by the fact that you balance work and play. Any tips for that?

「あなたが仕事と遊びをうまく両立させていること**に感心しています**。何か秘訣はありますか?」

▶ ……に驚く

□ I'm amazed by ...
□ I'm amazed at ...

amaze は「……を驚かせる」という意味で、ポジティブな驚きを表します。

さらに役に立つ表現

> I'm amazed by your English skills.
>
> 「あなたの英語力に**驚いています**」

> I'm amazed at how much your son has grown since the last time I saw him.
>
> 「私が最後にお会いしてから息子さんが大きくなられて**驚いています**」

▶ ……に感動する

☐ I'm impressed with ...

「素晴らしい」と感動して心が動かされたときに使います。

> I'm thoroughly impressed with the movie.
>
> 「映画に心から**感動しました**」

► ……にワクワクしています

□ I'm breathless with ...

とても楽しみなものを待ち望んでいるときの表現です。

I'm breathless with anticipation.

「期待で**ワクワクしています**」

Premium advice

"nice guy"は「どうでもいい人」？

nice は「良い」「立派な」という意味ですが、"nice guy"と言うと、「(いいけど、どうでも) いい人」に解釈される場合があるので要注意です。
カジュアルに言うつもりでも、配慮は必要です。

Scene 11

相手を安心させる、励ます

相手に励ましの言葉をかけられるのは、コミュニケーション力が高い証拠だと言えます。相手が落ち込んでいるときや失敗したときなどに、何気ない**励ましの一言で相手の気持ちを楽**にしてあげましょう。
相手を安心させるような表現を使うことで、緊張した場の雰囲気をほぐすこともできます。

Q
このようなとき、何と言いますか？

友人と食事中。
友人は仕事で大きなミスをしたらしく、
かなり落ち込んでいます。
「あなたのためにできることがあれば、何でもしますよ」
と励まして、安心させたいところ。
あなたは何と声をかけますか？

Scene 11

△ エコノミークラスな表現

What do you want?

何か欲しいですか？

○ ビジネスクラスな表現

Is there anything I can help for you?

あなたのために、何かお手伝いできることはありますか？

◎ ファーストクラスな表現

I would be more than happy to do anything for you.

あなたのためならば、喜んでどんなことでもします。

相手を励まそうという感じのまったくしない言い方です。
せっかくの助けたい気持ちが、雑なものになってしまっています。

押しつけがましくなく、相手を気づかう気持ちが感じられます。
優しさのある表現です。

かなり親身な言い方です。
"I would be more than happy to ..." は「喜んで……します」という意味です。

さらに役に立つ表現

▶ 大丈夫ですよ

☐ It's all right.

シンプルで、日常でよく使える表現です。

A: Sorry, I think I have the wrong number.
B: It's all right.

「すみません、間違った番号に電話をかけてしまいました」
「**大丈夫ですよ**」

▶ まったく大丈夫です

☐ It's absolutely fine.

absolutely「絶対に」を使うことによって、「大丈夫」ということを強調することができます。

A: It's really sorry, but I spilled coffee over your book.
B: It's absolutely fine. Don't worry about it.

> 「本当にすみません、あなたの本にコーヒーをこぼしました」
> **「まったく大丈夫ですよ。気にしないでください」**

▶ 心配ないですよ

□ You don't need to worry about it.

□ You don't have to worry about it.

「心配しなくても大丈夫」と伝えて、相手の気持ちを楽にさせたいときに使います。

A: What should I bring for your house warming party?

B: <u>You don't need to worry about it.</u> Just bring yourself.

「新居祝いのパーティーに何を持って行けばいいでしょうか？」
「心配しなくていいですよ。手ぶらでいらしてください」

さらに役に立つ表現

▶ それは問題ないはずです

□ It shouldn't be a problem.
□ That shouldn't be a deal.
□ There shouldn't be an issue.

shouldn't「……のはずがない」で断言を避けていますが、「気にすることはない」というメッセージを伝えることができます。
deal や issue は「問題」という意味で使われています。

A: Do you think it's ok to smoke here?
B: It shouldn't be a problem.

「ここでたばこを吸っても大丈夫だと思いますか？」
「問題ないはずです」

▶ そういうことは起こるものです

□ These things happen.

シンプルに相手を慰める言葉です。「よく起こることだ」と言うことによって、相手の心配を軽減することができます。起こる頻度を強調したいときには "quite often" をつけ加えます。

A: I was completely absent-minded and locked myself out.

B: These things happen quite often.

「完全にぼんやりしていて、鍵を中に置いたままドアをロックしてしまいました」
「そういうことはよくありますよ」

さらに役に立つ表現

▶ お悔やみ申し上げます

- [ ] I would like to offer my sympathy (for ...)
- [ ] I would like to express my condolences (for ...)

「心からお見舞い申し上げます」のように、声明文にも使われるフォーマルな表現です。

I would like to offer my deepest sympathy for your loss.

「心から**お悔やみ申し上げます**」

Please accept our sincere condolences.

「心より**お悔やみ申し上げます**」

▶ ……になるといいですね

□ I hope things will ....

相手の状況が好転するのを願っていると伝えるフレーズです。

I hope things will get better for you soon.

「早く状況が良く**なるといいですね**」

I hope you will get well soon.

「**どうぞお大事に**（あなたの体調が良くなるといいですね）」

Scene 12

相手が理解しているか確認する

相手に何かを説明する際、自分の意図がきちんと伝わっているかどうかを確認する必要があります。言いたいことがうまく伝わっていない場合、実は聞き手の理解力より話し手の説明不足によることが少なくないからです。

相手の理解を確認するときのポイントは、確認したい事項を**簡潔なセンテンスで明確に伝えること**です。その際、乱暴な確認に受け取られないよう気配りがあるとなおよいでしょう。

Q

このようなとき、何と言いますか？

あなたは、大事なお客さまとの打ち合わせに
どうしても行くことができず、
同僚に代理をお願いしようと思います。
同僚に用件を説明したあとで、
「私の話したことがわかりましたか？」と聞きます。
あなたなら何と言いますか？

△ エコノミークラスな表現

Do you understand me?

言ったこと、わかった？

○ ビジネスクラスな表現

Did you understand me?

私の言ったことがわかりましたか？

◎ ファーストクラスな表現

Is there anything you didn't follow?

何かわからない点はありましたか？

現在形(Do)で確認をすると、せっかちなニュアンスになります。日本人が話す英語を理解してくれる外国人なら大目に見てくれるかもしれませんが、初対面の相手に言うと強引な人だと誤解を招く可能性があります。

Doを過去形にすることによって、相手との適度な距離感が生まれ、丁寧な表現になるのです。
"Did I make myself clear?"も、同じ意味として使うことができます。

「わからなかった点があるかどうか」を尋ねる聞き方をすると、相手は返答しやすくなります。
「あなた」を主語にして聞くよりも婉曲的で、相手を責めるニュアンスがなくなります。

さらに役に立つ表現

▶ ちょっと再確認なのですが、……

□ Just to double check, ...?

再確認するときに前に置くクッション言葉です。"double check" を動詞として使います。

Just to double check, how many people are coming over for today's party?

「**ちょっと再確認なのですが**、今日のパーティには何人来ることになっていますか?」

▶ 私の言ったことをご理解いただけましたか?

□ Could you understand what I said?

□ Did you understand what I said?

くれぐれも、"Can you understand …?" と言わないように注意しましょう。能力を問う can なので、「理解できるぐらいの能

力はあるのですか?」のような、高飛車で、非常に失礼な意味に受け取られます。

また、"Do you understand …?" と言うのは、親が子どもに言うような、「上から目線」にもなります。大人の会話としてはスマートではありません。

いずれも、過去形にすることによって、ニュートラルな疑問文にすることができます。これだけでも、気づかいを感じてもらうことができますよ。

My explanation may not be clear enough for you. Did you understand what I said?

「私の説明は十分に明確ではないかもしれません。**私の言ったことはご理解いただけましたか?**」

▶ ……は、〜という意味です

□ By ..., I mean (that) ~

自分の説明が伝わっているのかを確認するために、by の後に確認したいことを置き、mean の後に具体的な説明を続けます。

さらに役に立つ表現

念を押す印象があり、フォーマルな場面に使えるので、文章にも適したフレーズです。

By 'occasionally', I mean three or four times a month.

「"ときどき"というのは、月に3回か4回という意味です」

▶ ……を確認させてください

□ Please let me confirm ...

確認をするときの一般的なフレーズです。話の区切りがついたところで切り出します。

Please let me confirm your e-mail address.

「メールアドレスを確認させてください」

Column **6** 客室乗務員のエピソード

「聞く前に行動」こそが、プロのおもてなし

相手の気持ちを理解することは、よく知った関係であっても難しいものです。

私が客室乗務員としてお客さまにサービスをしている最中は、初対面の方々が思っていらっしゃることを短時間でキャッチする必要があります。

たとえば、お客さまの表情から想像力をはたらかせて、「お寒いですか?」と声をかけてブランケットを勧めます。
あるいは、食事中であれば、空いているグラスに水を注いだりします。この「想像力」は、一流の客室乗務員に求められる要素の1つといえるでしょう。

ただ、「お寒いですか?」と声をかけるのは普通のおもてなしというべきもの。
言葉で聞くより先にブランケットをお渡しできるのが、プロのおもてなし、ワンランク上の心づかいです。

私は今も、その境地を目指して、接遇の道を一歩一歩あゆんでいるところです。

Scene 13

ほめる、賛辞に答える

ほめられると、誰でもうれしいものです。**自分からほめることを日常にしっかり根づかせましょう。**
また、日本人はほめられることに慣れていないせいか、ほめられると気恥ずかしさで苦笑いしたり、謙遜したりします。
このとき、自然な対応ができれば、ほめてくれた相手を困惑させないようにできます。ほめること、ほめられることに慣れていきましょう。

Q
このようなとき、何と言いますか？

あなたは友人の紹介で、
プロのようにピアノを上手に弾く人に会いました。
彼女のピアノは本当に素晴らしいもので、
あなたはピアノを弾き終わった彼女に
最大級のほめ言葉を贈りたいと思います。
あなたなら何と言いますか？

△ エコノミークラスな表現

You're so good at piano!

ピアノ、とてもうまいね！

○ ビジネスクラスな表現

I wish I were more like you.

あなたのようになりたいですね。

◎ ファーストクラスな表現

You're the most excellent person I've ever met.

あなたほど素晴らしい方には会ったことがありません。

すぐれた「技術」に対してのほめ言葉です。"be good at ..." 「……が上手・得意だ」の意味で、日常的に使えます。
カジュアルにほめたいときには、「すごい！」と端的に表現することもできます。

You rock! ／ You're so cool! ／ You rule!

「技術が素晴らしい」と言うのではなく、相手の信念や情熱、人柄をほめる表現です。相手へのあこがれを表します。
習った場所や時期を尋ねることで、相手への興味を示すことができます。

参考
Where did you learn to play like that?
「それはどこで覚えたのですか？」

相手の才能や人柄などに最大の敬意を表すときに使います。
自然に相手をほめることができるようになれば、エグゼクティブの英語に一歩近づきます。

さらに役に立つ表現

▶ 素晴らしい……ですね!

□ Nice ...!
□ Great ...!

ベーシックな日常のほめ言葉です。簡単なので、さり気なく言いましょう。
ほかに、<u>awesome</u>「すごい」、<u>fascinating</u>「魅惑的な」、<u>incredible</u>「信じられない」、<u>marvelous</u>「素晴らしい」、<u>fabulous</u>「素晴らしい」、などの形容詞があります。

<u>Nice</u> manuscript!

「**素晴らしい原稿ですね!**」

<u>Great</u> answer!

「**素晴らしい答えですね!**」

- □ (That's a) nice ... you have.
- □ (It's a) nice ... you have.

相手の持ち物をほめるときに使います。"you have" の代わりに "you've got"「手に入れている」を使ってもいいですね。

That's a nice fountain pen you've got.

「素敵な万年筆を持っていますね」

Nice house you have!

「素敵な家を持っていますね」

さらに役に立つ表現

□ How +形容詞!
□ What a(n) +名詞!

「なんて素敵な……でしょう」という勢いのある感じが出ます。「主語＋動詞」を省略すると、さらにシンプルな感嘆文になります。相づちとしても利用できます。

How beautiful these flowers are!

「**なんて**きれいな花**でしょう**」

What an amazing view!

「**なんて**素晴らしい眺め**でしょう**」

▶ お元気そうですね

□ You look good.
□ You look great.
□ You look amazing.

挨拶がわりに使います。さり気ない一言ですが、言われてうれしくなる言葉です。

You're looking good today.
「今日は**お元気そうですね**」

You look amazing!
「**素敵ですね**」

さらに役に立つ表現

▶ そう言っていただけるとうれしいです

☐ That's nice (thing) to say.

ほめられて「素直にうれしい」気持ちを伝えるときに使います。

A: You are such a great cook.
B: That's nice to say.

「料理がとても上手ですね」
「そう言っていただけるとうれしいです」

☐ I'm flattered.

ほめられたときのうれしさを伝える言葉はいろいろありますが、「お世辞とわかっていてもうれしい」というニュアンスを伝える表現です。

Thank you for saying that. I'm flattered.

「そう言ってくださってありがとうございます。**光栄です**」

▶ それはうれしいお言葉です

□ That's a great compliment.

フォーマルな言い方です。相手との適度な距離感が出ます。

A: This is the best cupcakes that I've ever had.
B: That's a great compliment.

「これは今まで食べたなかで最高のカップケーキです」
「それはうれしいお言葉です」

Column 7 日本人の「誤解される英語」

"good"はつねにほめ言葉？

日本人はよく "good" を使います。便利に使える単語ですが、日本語の感覚で使うとよくない場合があります。

相手が初対面のネイティブ・スピーカーのとき、失礼な言い方だと受けとめられる場合があるのです。

たとえば、パーティーに招待されたあと、主催者から "How was the party?"「パーティーはいかがでしたか？」と感想を聞かれたとします。

その際に「素敵でした」と答えたいとき、あなたなら何と言いますか？

✕ It was good.
〇 It was great!

good だと「まあまあでした」という意味に解釈されてしまうのです。素晴らしかったことを伝えるならば、great が無難でしょう。

では、good はどのように使えばいいのでしょうか。

日本人は自分や身内のことを謙遜します。このように謙遜したいときに good を使いましょう。

自分側に関して言う場合は good を使い、相手側をほめるときは great や fantastic など大げさな言葉を使うものと考えるとよいです。

◯ My wife is a good cook.
「妻の料理はまあまあ上手です」

◯ Your wife is a great cook.
「奥さまは料理がとてもお上手ですね」

前者は、身内のことなので good を使っています。一方で、後者は相手（の身内）をほめるので、great を使っています。

good を万能な言葉として、安易に会話で使いすぎないよう、くれぐれも注意してください！

Scene 14

意見の相違・反対を伝える

意見の相違・反対をソフトに言えるかどうかに品性が表れます。相手が述べることを全否定しないのが原則で、「それが100％正しいというわけではない」というような**抑えの効いた反論がスマート**です。
また、意見の相違・反対を伝える場合は、youなどの**相手を指す言葉を主語に使わない**ように注意します。相手に拒否反応を起こさせずに、こちらの意見を気持ちよく受け入れてもらうことがポイントだからです。

Q
このようなとき、何と言いますか？

あなたと先輩社員とで、
社員旅行の行き先について検討しています。
先輩が、「どうしてもA温泉に行きたい」と言っていますが、
予算の関係上、あなたはそれに賛同できません。
そこで、勇気を出して
「賛成できません」と切り出したいと思います。
あなたなら何と言いますか？

△ エコノミークラスな表現

I quite disagree.

まったく賛成できません。

○ ビジネスクラスな表現

I'm sorry, but I don't agree with you.

すみませんが、賛成できません。

◎ ファーストクラスな表現

I see your point, but I just can't agree with you.

おっしゃりたいことはわかりますが、賛成はいたしかねます。

率直で強い反対を表します。quite「完全に、すっかり」を使うことで、反対の意識を強く押し出しています。

カジュアルな場面であれば、"You gotta be kidding."「冗談だろ」と言うことができます。

"I'm sorry, but ... "と前置きをつけていますが、"I don't agree."は強い表現なので、真っ向からの対立姿勢がまだ感じられます。

もう少しやんわりと反対意見を述べたいところです。

丁寧に明確な反対を表しています。"I see your point, but ... "「言いたいことはわかりますが……」とクッション言葉を入れていることで、相手への理解を示しながら反対していることが伝わります。大人の言い回しでスマートな表現です。

さらに役に立つ表現

▶ 必ずしも……ではありません

□ Not necessarily.

全否定するのではなく、部分的な否定をすることで、柔らかく相違・反対を述べることができます。

A: Do you think it's true that people will be more fluent in English if they live abroad?
B: <u>Not necessarily.</u>

「海外に住めばもっと英語が流暢になるというのは、本当だと思われますか？」
「必ずしもそう限りません」

□ Not always.

部分否定です。例外を考慮したいときに便利です。

A: It's been quite cool down here.
B: It's <u>not always</u> like this.

「ここ最近、かなり涼しい日が続いていますね」
「いつもはこんな天気ではありませんよ」

☐ Not exactly.

直接的な否定は角が立つので、それを避けた部分的な否定です。柔らかく相違・反対を示すことができます。

A: Does this learning method work for anyone?
B: <u>Not exactly.</u> It depends on their age.

「この学習法は誰にでも効果がありますか?」
「厳密にはそうではありません。年齢によります」

さらに役に立つ表現

▶ おっしゃることはわかりますし、……ですが〜

□ I see your point and ..., but 〜
□ I take your point and ..., but 〜
□ I get your point and ..., but 〜

意見の相違を述べる際のクッション言葉です。but以下でいきなり相手の意見を否定するのを避けて、and の後に相手の意見を受け入れる言葉を入れます。
相手に異なる意見を受け入れてもらいたいときに効果的です。

I see your point and that's really true, but I have to say that I see the matter a little bit differently.

「**おっしゃることはわかりますし、本当にそうだと思うのですが、**私はその問題に対して少し違う見方をしていると言わなければなりません」

☐ I know what you mean and ..., but ~

よりスムーズに聞き入れてもらうためのクッション表現です。相手の言ったことを認めると先に言って、自分の意見を主張するので効果的です。

<u>I know what you mean and</u> respect that, <u>but</u> I don't really see the benefits of doing that.

「あなたのおっしゃることはわかりますし、その意見は尊重しますが、それをするメリットがあるとは私にはあまり思えません」

さらに役に立つ表現

▶ すべて賛成というわけではありません

☐ I don't completely agree with ...
☐ I don't entirely agree with ...
☐ I don't fully agree with ...
☐ I don't quite agree with ...

いきなり"I don't agree with …"で始めると、威圧的に受け止められます。completelyなどの程度を表す一語をつけるだけで、意見の相違を控えめに伝えることができます。これらも部分否定です。

I don't completely agree with our company's policy of maternity leave.

「会社の育児休暇に関する方針には、**あまり賛成しません**」

I'm sorry but I can't quite agree with you.

「すみませんが、**完全には同意できません**」

Premium advice

"What's your problem?"は「逆ギレ」に聞こえる?

商談や交渉の会話で、うまくいかない原因を知りたいときに
"What's your problem?"「何が問題なのですか?」
と言うと、「何が悪いの?」と喧嘩を売っているように感じられます。
そういった場面では、
"Would that be a problem?"
　　　　　　　　　　　　　「それですと問題になるでしょうか?」
と、そもそも相手が問題に思っているか確認するほうがマイルドです。

また、相手の提案を断りたいときに
"That's impossible."「それは無理です」
と言うと、取りつく島もなく、キッパリと否定する印象を与えます。
そういうときは、
"That's not entirely possible."
"It's difficult."
"It's not easy."
とマイルドな婉曲表現を選びます。
たった1つの言葉選びで交渉決裂にならないように注意しましょう。

Scene 15

意見、感想を求める

相手から快く提案、意見をしてもらうには、相手に敬意を払いながら、受け入れる姿勢を示すことです。素直に感謝の気持ちを述べて、どんな提案でも歓迎することを伝えます。
上質な意見を得るには、上手な聞き方が必要です。さり気なく相手に意見を求めることから始め、相手の考えを聞いて自分の思っていることを整理して話すことができれば、ワンランク上の会話ができるでしょう。

Q
このようなとき、何と言いますか？

来月、海外から大事なお客さまが来られることになりました。
あなたは、頭をひねって、
精魂込めておもてなしプランを考えました。
そして、そのお客さまに
「この計画はいかがでしょうか？」
と聞いてみようと思います。
あなたなら何と言いますか？

△ エコノミークラスな表現

How about this project?

この計画、どうかな？

○ ビジネスクラスな表現

What do you think about this project?

この計画についてどう思われますか？

◎ ファーストクラスな表現

I would appreciate your suggestions on this project.

この計画について、ご意見いただけますと幸いです。

日本語の感覚で「どうですか」を"How about 〜 ?"で聞くと、なれなれしい態度だと誤解されることがあります。
相手が初対面であれば、軽い印象を与えてしまいます（カジュアルなシーンであれば大丈夫です）。

ビジネスの場面でよく使われます。
似たような意味で、"How are you finding ...?" "What's your take on ...?"という言い方もあります。

"I would appreciate your suggestions on ..."「……についてご意見いただけますと幸いです」は、相手の意見を求める丁寧なフレーズです。
フォーマルな文章でもよく使います。

さらに役に立つ表現

▶ ……はどんな状況ですか?

□ How is ... going?

物事の進捗状況を尋ねるときによく使います。この go は、「進行している」の意味で使われています。

How is the project going?

「プロジェクトは**どんな状況ですか?**」

▶ ……についてどう思いますか?

□ How are you finding ...?

相手の意見や感想を聞くときに使うフレーズです。名詞または名詞相当語句(動名詞など)を続けて使いましょう。

How are you finding your new job?

「新しい仕事は**どうですか?**」

> How are you finding living and working abroad?
>
> **「海外で生活して働くというのはどんな感じですか？」**

▶ ……についてどうお感じになりますか？

> ## □ How do you feel about ...?
>
> 相手の感想を聞くときの日常表現です。

> How do you feel about having moved to a new place?
>
> **「新しい場所に引っ越してきてどうですか？」**

さらに役に立つ表現

▶ ……についてお考えはございますか？

□ Do you have any ideas about ...?

相手の知恵や考えを聞きたいときに使うシンプルな表現です。"any ideas"と「どんな考えでもいいから何でも」と言うことで、相手が発言しやすい状況をつくっています。

Do you have any ideas about our new system?

「新しいシステムについて、何かお考えはございますか？」

▶ ……についてご意見いただけますと幸いです

- ☐ I would appreciate your suggestions on ...
- ☐ I would appreciate your input on ...

お願いをする丁寧なフレーズです。フォーマルな状況や文章で使えます。

I would appreciate your suggestions on my proposal.

「私の提案についてご意見いただけますと幸いです」

さらに役に立つ表現

► ……についてどうお考えでしょうか？

□ What's your take on ...?

この take は「意見、見解」の意味です。さり気なく考えを求めることができます。

What's your take on the idea?

「そのアイディアについてどうお考えですか？」

Premium advice

「短縮形」に注意！

同じ意味のセンテンスでも、短縮形で言わないと自己主張の強さや嫌悪感が伝わることがありますので、注意しましょう。
"not" が強調されてしまうからです。

△ I am not interested. 「興味ないってば！」
○ I'm not interested. 「興味がありません」
△ I do not like Tokyo. 「東京は嫌いだって言ってるだろう！」
○ I don't like Tokyo. 「東京は好きではありません」

Column 8　日本人の「誤解される英語」

「いただきます」や「ただいま」は英語にはない？

世界中の言語のうちで、日本語にしかないといわれる言葉があります。代表的なものは、「いただきます」や「ただいま」ですね。
これらの直訳に当たる英語はありませんが、近い言葉で気持ちを伝えることはできます。

▶ いただきます

- ○ This looks delicious.
- ○ It looks great!

▶ ごちそうさま

- ○ Thanks.
- ○ That was a wonderful meal.

Column 8

▶ ただいま（帰る場所により使い分けます）

- ○ I'm home.（家に帰る場合）
- ○ I'm back. （外回りなどから会社に戻った場合）

▶ おかえりなさい

- ○ How was your day?
- ○ How's it going?
- × Welcome back.

"Welcome back." は日本人がよく使いがちです。遠く離れたところから戻ってきてくれたことへの応対ですので、単に会社から家に帰ってきたときなどには向いていません。

ほかにもたくさん、英語にはない日本語がありますが、**日本語の持つ意味を意訳**すれば、場に即した表現となります。

▶ おじゃまします→「お招きありがとうございます」

Thanks for inviting me.

▶ お先に失礼します→「また明日」

See you tomorrow.

▶ どうぞごゆっくり→「くつろいでください」

Make yourself at home.

▶ ご協力をお願いします
　→「ご協力くださることに感謝いたします」

Your assistance is highly appreciated.

▶ よろしくお願いします（新人などの挨拶）
　→「いろいろと教えてください」

I'm sure I'll learn a lot from you.

要は、元の日本語を無理やり直訳しようとするのではなく、**日本語での意味を意訳して伝えればいいのです**。

Part
3

相手に伝える

Scene 16

控えめに意見を伝える

自分の意見を伝えるときは、相手や状況に合わせつつ、**自分を出しすぎないようにしながら、言うべきことはしっかりと言うのがスマート**です。
たとえば、いきなり意見を言うのではなく、**「前置き表現」**を使うことによって上手に話を切り出せます。絶対的な結論を出すのではなく、あくまで自分の考えにすぎない、というスタンスを匂わせることも大事です。

Q
このようなとき、何と言いますか？

結婚式を控えたあなたは、
式場の方と綿密な打ち合わせをしています。
新郎・新婦の登場のしかたについて提案を受けましたが、
あまり気乗りのしない内容で……。
せっかく考えてもらったのですが、
あなたは「私はいまいちだと思います」と、
角が立たないように伝えたいと思います。
あなたなら、何と言いますか？

△ エコノミークラスな表現

This plan is not good at all.

この企画、まったくよくないです。

○ ビジネスクラスな表現

This plan isn't really interesting to me.

私は、この企画にはあまり興味がありません。

◎ ファーストクラスな表現

There is still place for improvement.

まだ改善の余地がございます。

謙虚どころか、冷たく言っているにすぎません。相手が返す言葉を失くしてしまいます。
"not ... at all"の完全否定は避けるべきです。

"not ... at all"の完全否定よりは、"not really ... "「あまり……でない」の部分否定なので、若干柔らかくなりましたが、まだ否定のニュアンスが色濃く残っています。

相手を否定することなく、改善を促すフレーズです。このように、否定語を使わないで控えめに意見を伝えられるようになると、できるエグゼクティブと言われるようになるでしょう。
improvementは、「改善、進歩、上達」というポジティブな意味です。

さらに役に立つ表現

▶ ……させていただいてもよろしいですか？

□ May I ...?

意見や提案の前に置きすることで、相手に心の準備をしてもらうフレーズです。

May I make a suggestion?

「ひとつ提案させていただいてもよろしいですか？」

□ Would you mind if ...?

相手の許可を取る切り出しです。

Would you mind if I comment on this?

「この件についてコメントしてもよろしいですか？」

□ If I could say something ...

いきなり自分の意見を言わずにこう前置きすることで、相手は聞く準備ができます。

If I could say something about this issue, I don't entirely agree with you.

「この件に関して**少し言わせていただければ**、あなたに完全に賛成というわけではありません」

▶ 私としては、……だと思います

□ I would say that ....

<u>would</u>を使うことで仮定のニュアンスになり、控えめな表現になります。「もし何か言えるならば……」という感じで、助言めいたことをやんわり伝えられます。

I would say that it'd be better to sleep on it.

「**私としては**、結論を出す前にもう少し考えられた方がいいのではないか**と思います**」

さらに役に立つ表現

▶ 私には、……のように思えます
▶ 私には、……のように聞こえます

□ It seems to me that ...
□ It sounds to me that ...

「思う」のthinkは主観的な表現ですが、seemは「……のように見える／思う」で客観性を含んだ表現になります。シチュエーションによって使い分けましょう。

It seems to me that what they said at that meeting is quite reasonable.

「その会議で彼らが言っていたことは、かなり理にかなっているように、私には思えます」

It sounds to me that there is a lot of work.

「とても手間がかかるように、私には聞こえます」

▶ 私の見解では……

□ In my view, ...
□ In my opinion, ...

ダイレクトに意見を言う前の前置き表現です。viewは「見方」、opinionは「意見」という意味です。

In my view, this is just a fashion.

「**私の見解では、これは一時的な流行にすぎないと思います**」

In my opinion, we shouldn't be too pessimistic about it.

「**私の意見では、それに対して悲観的になりすぎるべきではないと思います**」

さらに役に立つ表現

▶ 私の理解するところでは、〜は……だと思います

□ My understanding of ~ is ...

慎重な姿勢を示す表現で、会議などの場では便利な表現です。「私の理解するところでは……」と控えめに自分の意見を言いたいときに効果的です。

My understanding of the situation may be a bit different from yours.

「その状況についての私の理解は、あなたが考えるものとは少し違うかもしれません」

▶ 私の見る限りでは、……

□ As far as I can see, ...

一般的に「あくまで……ですが、〜」と限定した前置きをして意見を述べるのに使います。自分の予想と違う結果を想定した賢い表現です。

As far as I can see, they don't seem to have any particular issues with that.

「**私の見る限りでは、**彼らはそれに対して特に問題があるように見えません」

► ……した方がいいかもしれません

□ You might want to ...

相手の自発的な行動をそれとなく促す表現です。

I think you might want to look further into that incident.

「その事件について、もう少し調べ**た方がいいかもしれません**」

Column 9 　　日本人の「誤解される英語」

お寿司を勧めたいときは何と言う?

日本を訪れた外国人とお寿司屋さんに入りました。ここでも、「誤解されやすい英語」がちらほら見られるようです……。
まず、「ぜひ、お寿司を召し上がってください」は何と言いますか?

△ Please try to eat the sushi.
は間違いではありませんが、「我慢して寿司を食べてみてね」という意味になってしまいます。
"try to … "には「(無理みたいだけど) 試してください」というニュアンスがあるのです。

あえてtryを使うなら、

○ Try the sushi.
とフレンドリーに言うのがいいでしょう。

なかなか箸が進まない相手を見て、「なぜ食べないの?」と聞こうとして、

△ Why can't you eat this?
と言うと、「(なんで食べないの?) 食べなさいよ」と批判的に伝

わってしまいます。

○ **You don't like these?** （話すトーン：疑問形）

○ **You can't eat this?** （話すトーン：疑問形）

と聞くこともできますが、**マナーとしては尋ねること自体よくありません**。

目の前にある食べ物の話題に集中することなく、さまざまな話題を提供するよう心がけたいものです。

Scene 17

話を展開する

誰かと話しているときに、たった2、3語を発しただけで沈黙し、気まずい空気が……となるのは、どうしても避けたいもの。
ここでは、**話を切り出す、例示する、要約する、強調する、**など上手に話を展開することができる表現をご紹介します。
ポイントは、**ただ自分の意見を主張しているだけと思わせないこと。**
品よく、控えめに、を意識しましょう。

Q
このようなとき、何と言いますか?

あなたは、転職活動の面接中。
気まずい空気が漂っています。
あなたの志望動機について、
かなり厳しいことを言われてしまいました。
あなたは、どうしても
「それについて発言したいのですが」
と挙手したいと思います。
そのとき、何と言いますか?

△ エコノミークラスな表現

I want to speak on that.

それについて発言したいです。

○ ビジネスクラスな表現

May I come up with a comment on that?

それについて発言してもよろしいでしょうか？

◎ ファーストクラスな表現

If possible, could I make a brief comment on that?

もし可能でしたら、それについて一言申し上げてもよろしいでしょうか？

具体的なことを言うための前置きのつもりが、謙虚さがなく威張った表現になっています。
自我の強い前置きでは、クッション言葉にはなりません。

"May I ...?" は「……してもよろしいでしょうか?」という丁寧な聞き方です。
"Could I ...?" も、同じく丁寧なニュアンスが出ます。

"If possible, ..." は "If it is possible, ..." の省略表現。
こちらの希望を丁寧に、しかも簡潔に切り出す表現です。
brief「短時間の、簡潔な」は、ビジネスでもよく使われる便利な単語です。

さらに役に立つ表現

▶ たとえば、……

□ for example, ...

例示するときの定番表現です。

There are a lot of abbreviations popularly used by them too. 'LOL', for example, is short for 'laughing out loud'.

「彼らもよく使っている略語がたくさんあります。**たとえば**、"LOL"というのは 'laughing out loud' の省略形です」

▶ ……のような（たとえば……のような）

□ such as ...

具体的なものをいくつか羅列するときなどに使います。

Some cities, such as Kyoto and Kanazawa, are famous for their beautiful cityscape.

「**たとえば**京都や金沢**のような**都市は、美しい景観で有名です」

▶ ……に関して言えば

□ in terms of ...

ofの後に、名詞や名詞相当語句（動名詞など）が続きます。

In terms of their management style, I would say it is quite orthodox.

「彼らの経営スタイルに**関して言えば**、きわめて正統派だといえます」

さらに役に立つ表現

► ……のこととなりますと

□ When it comes to ...,

toの後に、名詞や名詞相当語句(動名詞など)が続きます。文書でもよく使う表現です。

When it comes to body soap for baby, less chemicals are better.

「赤ちゃん用のボディソープ**のこととなりますと**、化学薬品が少ない方がいいです」

► つまり、……なんです

□ The point is, ...
□ The thing is, ...

大切なポイントを簡潔に説明するときに使うフレーズです。間をとってから言葉を続けると、聞き手の注意をこちらに向けられます。

The point is, more than half of them don't really know what problem is.

「**つまり、**彼らの半数以上は問題が何であるのかについてあまり知らないということ**なんです**」

さらに役に立つ表現

▶ 最終的には、……

□ At the end of the day, ...

イディオム表現ですのでこのまま使いましょう。

At the end of the day, what matters is that you are safe.

「**結局、**何が大切かというとあなたが無事でいるということです」

▶ 手短に話すと、……

□ To make a long story short, ...

文字どおり、長い話を短く要約して伝える場合に使います。

To make a long story short, we couldn't get that treasure.

「**手短に話すと、**その秘宝は手に入りませんでした」

▶ それが……なんです

□ That's what ...

これまで述べてきた説明を結論づけるときに使うと便利です。<u>what</u>の後には文章が続きます。

<u>That's what</u> the real problem is.

「**それが、実際に問題になっていることなんです**」

▶ さらに重要なことは、……

□ The main thing is that ...
□ More importantly, ...

強調したいときに使うフレーズです。後に文章が続きます。

<u>The main thing is that</u> you made it.

「**何よりも大切なことは、**あなたがそれに間に合ったということです」

さらに役に立つ表現

► **それから、もう一つは……**

□ The other thing is that ....
□ And another thing is that ...

大切だと思うことをさらにつけ加えたいときに使える表現です。thatの後にはセンテンスが続きます。

The other thing is that this plan also includes breakfast.

「**もう一つは、このプランには朝食も含まれていることです**」

Column 10　客室乗務員のエピソード

客室乗務員が
お客さまに命令することがある？

以前、スピーチで聴衆に向かって着席を促したときに「お座りください」と言うつもりが、"Sit down, please."と言ってしまったことがあります。

これは上から目線で言われている状態で、実際、ネイティブスピーカーがこれを聞くと、「座りなさい！」と受け取ってしまいます。この場合、"Please have a seat." 「どうぞお座りください」が丁寧であり正式です。"Please be seated." 「どうぞご着席ください」と言う場合もあります。

それはさておき、機内で乗務している客室乗務員は通常サービス要員ですが、緊急事態になると保安要員としての職務を果たします。
サービス要員としてお客さまにお願いする場合は、"The seat belt sign is on …"、などと説明してから、"Please fasten your seat belt." 「お座席のベルトをお締めください」と座席ベルトの着用を案内しています。
しかし、緊急事態となると保安要員に変わり、突如 "Bend over stay down!" 「姿勢を低く！」とか、"Sit down!" 「座って！」といきなり叫ぶことになります。
役割が変わると、発する言葉も変わるということですね。

Scene 18

話を
コントロール
する

話がなかなか思いどおりに進まないときは、自分の意図する方向へ誘導したいものです。ここでご紹介するのは、相手や状況に合わせて、会話をコントロールする方法です。
その際は、**ポジティブな言葉と話題が原則**です。また、直接的な表現がよいのか、間接的に伝えてこちらの意図を察してもらったほうがいいのかは、状況にもよります。使い分けができるよう、いくつかの表現を知っておきましょう。

Q
このようなとき、何と言いますか？

何人かで談話中、Aさんの話題になりました。
Aさんのことが苦手なあなたは、思い切って
「話題を変えませんか？」
と言いたくてたまりません。
こんなとき、あなたは何と言いますか？

△ エコノミークラスな表現

I don't want to chat about him.

彼のことは話したくないです。

○ ビジネスクラスな表現

Let's discourse about something else.

何かほかの話題にしましょう。

◎ ファーストクラスな表現

Why don't we change the topic?

ちょっと話題を変えませんか？

自分の気持ちを直球で切り出した表現で、無愛想な態度にとられます。
話の切り出し方を工夫する必要があります。

話題転換を促す言い方としてはスマートです。
"By the way ..." という「ところで……」を意味するフレーズも有効です。
ただ、これを話の途中で切り出すと、相手が不快に感じますので要注意です。会話の流れを大切にしましょう。

"Why don't we ... ?" は、相手に丁寧に提案するときに使う表現です。
- Shall we ...?「……しましょう」— 丁寧でフレンドリーです。
- Why don't we ...?「……しませんか？」— Let's の丁寧形です。
- How about ...?「……はどうですか？」— フレンドリーな提案。

さらに役に立つ表現

▶ お話の途中ですみませんが、……

☐ **I'm sorry to interrupt you, but ...**

やむを得ず、相手の話をさえぎる必要があるときの表現です。相手への気づかいが感じられる言い方です。

I'm sorry to interrupt you, but I have to leave.

「**お話の途中ですみませんが、**もう行かなくてはなりません」

▶ 次の……に移らせていただいてもよろしいですか？

□ Would you mind if we move on to the next ...?

会議などの場で、次の議題に進めたいときに使います。

Would you mind if we move on to the next item on today's agenda?

「本日の議題の次の項目に移らせていただいてもよろしいですか？」

さらに役に立つ表現

▶ ちなみに、……

☐ Just for the record, ...

耳寄りな情報をさり気なくつけ加えるときに使います。ややカジュアルな場面で使います。

> Just for the record, it's also been proven that walking is good for the health.
>
> 「**ちなみに、**散歩は健康に良いとも証明されています」

▶ ……をまとめさせていただきます

□ I would like to summarize ...

会議の終了前などに、話を要約してまとめるフレーズです。

I would like to summarize our discussion.

「話し合ったこと**をまとめさせていただきます**」

Premium advice

「1分間英語音読」のススメ

英語を練習する方法として、私は1分間の「英語音読」を勧めています。時間を「1分間」としているのは、音読を習慣にするためにハードルを極力下げたほうがいいからです。

音読は気が向いたときにやる程度では効果は出ません。継続して行うことが大切です。だからこそ、毎日1分ぐらいから気軽にはじめてみましょう。

日々、音読をすることが習慣になれば、まず滑舌が良くなります。それによって、英語のテンポ、抑揚も自然と身についてきます。何より、英語を口にするのが楽しくなりますよ。

Scene 19

再考を促す

相手の話を黙って聞いていたとき、思いもよらない展開になることがあります。そんなときは、驚きを伝えるとともに、「本当にそれでいいのですか?」と再考を促したくなるものです。
そんなときに、上から目線になることなく、上手に伝えられる言い方を紹介します。

Q
このようなとき、何と言いますか？

あなたの友人が、
10万円もする掃除機を購入しようとしています。
あなたは、それを聞き、
「本当にそれでいいの？」
と再考を促そうと思います。
あなたは、このとき何と言いますか？

△ エコノミークラスな表現

Are you sure about this?

本当にいいの?

○ ビジネスクラスな表現

Is there any way I can make you change your mind?

考え直す手はないですか?

◎ ファーストクラスな表現

I wonder if you'd be willing to reconsider.

再考していただけないでしょうか?

やり直しがきかないことを決断する前の一般的な念押しです。
"You don't really want to do this."「やめた方がいいですよ」という表現もあります。

参考
At least sleep on it before making a decision, OK?
「決定を下す前に、一晩はじっくり考えてください」

"Is there any way ...?" は、「……する方法はないですか?」の意味です。"change your mind"「考えを改める」と言うほど、心からお願いするときに使います。
相手の足を引っぱるような言い方を避けることができます。

最終決定される前に使います。
"I wonder if ..." は「……していただけますでしょうか」の依頼や勧誘の表現です。
ほかに、"Would you be willing to ...?"「……をしてもらえませんか」は、説得するときの決まり文句です。これも応用して活用できます。
相手の否定ではなく、ほかの方法を勧める大人の言い方です。

さらに役に立つ表現

▶ 誤解しないでほしいのですが、……

□ You don't take this the wrong way, but ...

否定的なことや相手が快く思わないであろう内容を述べるときの前置きです。

I hope you don't take this the wrong way, but I think we should change that way.

「誤解しないでほしいのですが、そのやり方は変更すべきだと思います」

▶ 改善の余地があります

□ There is room for improvement

不満をストレートに伝えず、ポジティブなメッセージで相手に促します。

I think there is still room for improvement.

「まだ**改善の余地がある**ように思います」

▶ どうでしょうか？ （わかりませんが……）

□ I am not quite sure ...

かなり柔らかく否定を表現する言い方です。

I'm not quite sure about that.

「それは**どうでしょうか？**」

さらに役に立つ表現

▶ ……する可能性がより高いです

□ be more likely to ...

いきなり断定した言い方ではなく、ある程度、議論の余地をつくり意見を述べたいときに使う表現です。断定的な言い方に一手間加えることにより、思慮深い表現になります。

This is more likely to be a long-term phenomenon.

「これは、長期的な現象になる**可能性がより高いです**」

▶ 結果に満足していません

□ I am not satisfied with ...

結果に対してもう少し何かが足りない、というような前向きなニュアンスです。

I'm not completely satisfied with that figure.

「その数字に完全には**満足していません**」

▶ 一晩寝かせる

□ sleep on it

回答や結論を求められて、一晩待ってほしいときに使える便利な表現です。

Is it all right if I can sleep on it?
または、
Can I sleep on it?

「一晩待っていただけますか？」

Scene 20

会話を締めくくる

会話を締めくくるポイントには3つあります。**①相手の名前を呼んできっかけをつくる、②ポジティブなコメントから始める、③次の再会を願って締めくくる**、です。
終わりが印象的であれば、次に会ったときも気持ちよく会話を始められます。時間がないときでも、落ち着いてきっかけをつくり、さわやかな印象を残したいものです。

Q
このようなとき、何と言いますか？

あなたは、旅行先で偶然出会った外国人と
食事をともにしました。
楽しい時間はあっという間に過ぎ、
「あなたとお話しできてよかったです」
と心からお礼を伝えたいと思います。
あなたは、何と言いますか？

Scene 20

△ エコノミークラスな表現

It was nice talking with you.

お話しできてよかったです。

○ ビジネスクラスな表現

I would love to get together again soon.

また近々お会いしたいです。

◎ ファーストクラスな表現

It has been a pleasure talking with you.

お話しできてとても楽しかったです。

「話ができてよかった」と日常的によく使う表現です。
さらにカジュアルに言うと、

Hope to see you again. 「もう一度会いたいですね」
Don't be a stranger. 「まめに連絡してね」

もう一度会いたいという意志を伝えることで、ポジティブに会話を終わらせます。"would love to ..." 「喜んで……したい」を活用しています。

参考
Please don't forget to call me some time soon.
「またすぐ電話でご連絡くださいね」
今後も前向きに関係を保っていきたいという気持ちが伝わるフレーズです。

過去形ではなく現在完了形を使うことで、「話している間中ずっと楽しかった」というニュアンスを伝えることができます。
この一手間で、グッと気持ちが伝わります。

さらに役に立つ表現

▶ ……して、本当によかったです

> ☐ （相手の名前）, it was really nice to ...

シンプルな表現で、さり気なくポジティブに会話を締めくくりたいときにピッタリです。ポイントは相手の名前を呼びかけることで、心からの思いであることを伝えます。

Akiko, it was really nice to meet you today.

「あきこ、今日はお会いできて本当によかったです」

Tom, it was very nice talking with you.

「トム、お話しできてよかったです」

▶ ……でお役に立てればいいのですが

□ I hope ... helps.

相手から質問を受けたりしたときに使える締めくくりの表現です。hope の後にセンテンスが入ります。

I hope it helps.
I hope it can be of some help.

「それで**お役に立てればいいのですが**」

▶ ……、どうもありがとうございました。〜します

□ Thank you for ... I'll 〜.

カジュアルからフォーマルな場面まで幅広く使える締めくくりの表現です。役に立つ情報やアドバイスをもらったときなど、相手への感謝の気持ちと誠意を表します。
ポイントは、"Thank you …" だけでなく、"I'll" の後にこれから自分は何をするつもりなのか、まで言及することです。

さらに役に立つ表現

Max, thank you so much for sharing. I'll be sure to pass the information along to everyone.

「マックス、教えて**くれてありがとう**。必ずみんなにもその情報を伝えて**おきます**」

Premium advice

Hope to see you again.「もう一度会いたい」

相手への好意を示すフレーズで、サヨナラの言葉にふさわしいセンテンスです。「好意」と「別れ」を同時に伝えられると、スマートに締めくくることができます。
"Don't be a stranger."「まめに連絡してね（知らない人にならないでね）」というカジュアルで粋な表現もあります。

Column 11　英語を無理なく身につけるために

英語で手帳をつけてみよう

英語は学問ではなく、あくまでも「コミュニケーションの手段」です。楽しく身につけるのが一番、とはいうものの、それが難しい、と感じている方も多いかもしれません。
そんな方におすすめの方法があります。「手帳を英語でつける」ことです。

たとえば、「Bさんと会食」なら"Dinner with Mr. B"、「病院に行く」なら"Go to the doctor"、「買い物」なら"Shopping"などと書いていきます。
アルファベットの綴りが多少間違っても、細かいことは気にしない。キーワードだけで十分です。
予定だけではなく、これからやりたいことや楽しかったこと、うれしかったことをメモするのもいいですね。

慣れるまでは、日本語とごちゃ混ぜでもいいでしょう。友人の名前をローマ字で書くだけでも効果的です。①気軽な気持ちで、②楽しく、③自分さえわかればいい　で、自由気ままにできれば長く続きます。
これが習慣になってくると、自然と英語メモの方が書きやすくなってきます。私もそのようにして、どんどん自分の語彙を増やしていきましたのでおすすめです。

索 引

A
a little bit   30
a little bit of ...   30
a little bit too ...   74
Absolutely.   130
Actually, ...   72
And another thing is that ...   230
Are(n't) you?   120
As far as I can see, ...   216
At the end of the day, ...   228

B
be more likely to ...   246
By ..., I mean (that) 〜   169

C
Certainly.   125
could be a little bit more ...   75
Could I ...?   223
Could I ask something?   58
Could I make a suggestion?   49
Could I possibly ... ?   29
Could I suggest something?   48
Could you ...?   21
Could you do me a favor?   22
Could you possibly ... ?   27

Could you say that again, please?   140
Could you understand what I said?   168

D
Did I make myself clear?   167
Did you say ... or 〜?   144
Did you understand what I said?   168
Do you have any ideas about ...?   200
Do(n't) you?   120
Don't be a stranger.   254

E
Exactly.   130
Excuse me, (but) ...   22

F
for example, ...   224

G
Great ...!   176

H
Have(n't) you?   120

索引   257

Honestly, ... 73

Hope to see you again. 254

How +形容詞! 178

How are you finding ...? 198

How do you feel about ...? 199

How is ... going? 198

I

I am not quite sure ... 245

I am not satisfied with ... 246

I apologize for (that) ... 109

I apologize if ... 106

I appreciate ... 96

I could possibly suggest something. 50

I don't completely agree with ... 192

I get your point and ..., but 〜 190

I hope ... 111

I hope ... helps. 253

I hope things will ... 163

I know what you mean and ..., but 〜 191

I know you're very busy, but ... 32

I might be wrong, but ... 70

I really wish I could, but ... 83

I see your point and ..., but 〜 190

I see your point, but ... 187

I take your point and ..., but 〜 190

I thought you might be interested in ... 46

I thought you might find ... interesting. 47

I was hoping that you could ... 23

I was hoping that you would be able to ... 23

I was hoping to ... 24

I was just wondering, ... 63

I was wondering, ... 42

I was wondering if ... 41

I wish I could (...), but ... 87

I wonder if ... 243

I would appreciate it if you could ... 24, 99

I would appreciate your input on ... 201

I would appreciate your suggestions on ... 197, 201

I would be grateful if you could ... 25, 100

I would be more than happy to ... 157

I would like to express my condolences (for ...) 162

I would like to offer my sympathy (for ...) 162

I would like to summarize ... 239

I would love to ... 83

I would say that 213

I'd love to help, but ... 83

I'm afraid (that) ... 85

I'm amazed at (by) ... 151

I'm appreciative of ... 96

I'm breathless with ...　153

I'm curious about ...　150

I'm fascinated by ...　151

I'm flattered.　180

I'm impressed with ...　152

I'm just wondering, ...　62

I'm sorry but ...　84

I'm sorry for (that) ...　108

I'm sorry if ...　106

I'm sorry to interrupt you, but ...　236

I'm sorry to trouble you when you're very busy, but ...　33

I'm sorry. I might be out of line but ...　70

I'm (We're) grateful for ...　97

I'm (We're) thankful for ...　97

I'd like to express ...　95

If I could say something ...　212

If I may suggest something, ...　48

if possible　21, 90, 223

If you don't mind, ...　89

If you don't mind me asking, ...?　60

If you feel like it, ...　44

If you like, ...　42

if you would　21

If you'll excuse me, ...　86

I'm not sure ...　57

I'm sorry, but ...　57

In fact, ...　72

In my opinion, ...　215

In my view, ...　215

in terms of ...　225

Indeed.　125

Is that correct?　132

Is that right?　132

Is that true?　132

Is there any chance ...?　61

Is there any way ...?　243

It seems to me that ...　214

It shouldn't be a problem.　160

It sounds like ...　133

It sounds to me that ...　214

It was really nice to ...　252

It/That must be ...　131

(It's a) nice ... you have.　177

It's absolutely fine.　158

It's all right.　158

J

Just for the record, ...　238

Just to double check, ...?　168

L

Let me apologize for ...　110

M

May I ...?　212, 223

May I ask something?　58

May I make a suggestion?　49

May I suggest something?　48

Maybe I'm wrong, but ...　71

Maybe, we could ...　43

might be quite ...　76

索引　259

More importantly, ...   229
My apologies for ...   110
My understanding of ∼ is ...   216

N
Nice ...!   176
no words to express my (our) appreciation   100
Not always.   188
Not exactly.   189
Not necessarily.   188
not really ...   211
not very ...   77

P
Perhaps, we could ...   43
Please accept my apologies for ...   111
Please be seated.   231
Please excuse ...   107
Please forgive me for ...   112
Please have a seat.   231
Please let me confirm ...   145, 170

S
seems to be ...   69
sleep on it   247
Sorry, what ... was it, again?   143
Sorry, what was ..., again?   142
Sorry, what was that, again?   143
such as ...   224
Sure.   124

T
Thank you for ... I'll ∼.   253
Thank you for asking, but ...   88
Thank you for your offer, but ...   88
That is right.   123
That shouldn't be a deal.   160
That sounds great.   129
That will/would be great.   98
That would be great, but ...   87
That's a great compliment.   181
(That's a) nice ... you have.   177
That's absolutely right.   130
That's great.   128
That's incredible!   126
That's nice (thing) to say.   180
That's unbelievable!   126
That's what ...   229
The main thing is that ...   229
The other thing is that   230
The point is, ...   227
The thing is, ...   227
There is room for improvement   245
There seems to be ...   74
There shouldn't be an issue.   160
These things happen.   161
To be honest, ...   73
To make a long story short, ...   228
To tell the truth, ...   73
True.   130

W

We would be delighted to ...　51

What a(n) +名詞！　178

What's your take on ...?　202

When it comes to ...,　226

Why don't we ... ?　235

Will/Won't you?　120

Would I be able to ... ?　29

Would it be possible ... ?　28

would like you to ...　21

would love to ...　251

Would you be able to ... ?　28

Would you be interested in ... ?　45

Would you be willing to ...?　243

Would you happen to ... ?　59

Would you mind ...?　141

Would you mind ...ing?　26

Would you mind if ...?　26, 212

Would you mind if we move on to the next ...?　237

Would you mind saying that again?　141

Would you repeat that again, please?　140

Would(n't) you?　120

Y

Yes, you are. / No, you aren't.　122

Yes, you do. / No, you don't.　122

Yes, you have. / No, you haven't.　122

Yes, you will. / No, you won't.　122

Yes, you would. / No, you wouldn't.　122

You are right.　123

You don't need to worry about it.　159

You don't take this the wrong way, but ...　244

You look great.　179

You might want to ...　217

You must be kidding.　127

You're exactly right.　130

索引　261

あとがき

　人生は1回限りの片道フライトです。あなたはお客さまとして搭乗しているわけではありません。Flight deck（コックピット）で操縦しているキャプテンです。このように、私はよく自分の人生をフライトにたとえてみることがあります。

　テイクオフした雲の上の飛行機は、向かい風を受けるときもあれば、追い風に乗るときもあります。私は20年以上乗務していますが、天候が良い日や悪い日、台風、雷雨、大雪に見舞われた日もありました。

　それでも、よほどの荒天でない限り、飛行機は飛んでいきます。

　私はつねづね、知識の差は「小」であり、行動の差は「大」であると思っています。人々が考えることにはそれほど大差はなく、それを実行に移す人と移さない人の間で、大きな差がついてしまう、ということです。

　コミュニケーション手段としての英語にも、同じことが言えるかもしれません。英話は生活の中にあるべきもので、勉強して知っているだけではもったいない。実際に使ってみなければ意味がありません。

　本書では限られたフレーズしか紹介できませんでしたが、みなさんが世界に通用するエグゼクティブとして、日常生活やビジネスでぜひ使っていただきたいものを厳選したつもりです。

みなさんの今後の人生というフライトでもお役に立てますよう、これからも奉仕(サービス)させていただきます。

　またのご搭乗をお待ちしております。
　Enjoy your flight!!

参考文献
『グランドセンチュリー　英和辞典』三省堂
『新英和大辞典』研究社
『新和英大辞典』研究社
『英語会話表現辞典』旺文社
『英語表現辞典』朝日出版社
「English Grammar in USE」Cambridge University Press
『American English dojo 百万人の英語スペシャル』日本英語教育協会
「weblio英和辞典・和英辞典」

ビジネスパーソンが知っておきたい
エグゼクティブの英語

発行日	2018年11月20日　第1刷 2019年 5 月15日　第3刷
Author	清水晶彦 （企画協力：ネクストサービス株式会社　松尾昭仁）
Illustrator Book Designer	石川ともこ chichols
Publication	株式会社ディスカヴァー・トゥエンティワン 〒102-0093 東京都千代田区平河町2-16-1 平河町森タワー 11F TEL 03-3237-8321（代表）　FAX 03-3237-8323 http://www.d21.co.jp
Publisher Editor	干場弓子 三谷祐一（編集協力：渡邉淳）
Marketing Group Staff	清水達也　千葉潤子　飯田智樹　佐藤昌幸　谷口奈緒美　蛯原昇　安永智洋 古矢薫　鍋田匠伴　佐竹祐哉　梅本翔太　榊原僚　廣内悠理　橋本莉奈　川島理 庄司知世　小木曽礼丈　越野志絵良　佐々木玲奈　高橋雛乃　佐藤淳基　志摩晃司 井上竜之介　小山怜那　斎藤悠人　三角真穂　宮田有利子
Productive Group Staff	藤田浩芳　千葉正幸　原典宏　林秀樹　大山聡介　大竹朝子　堀部直人 林拓馬　松石悠　木下智尋　渡辺基志　安永姫菜　谷中卓
Digital Group Staff	伊東佑真　岡本典子　三輪真也　西川なつか　高良彰子　牧野類 倉田華　伊藤光太郎　阿奈美佳　早水真吾　榎本貴子　中澤泰宏
Global & Public Relations Group Staff	郭迪　田中亜紀　杉田彰子　奥田千晶　連苑如　施華琴
Operations & Management & Accounting Group Staff	小関勝則　松原史与志　山中麻吏　小田孝文　福永友紀　井筒浩 小田木もも　池田望　福ині章平　石光まゆ子
Assistant Staff	俵敬子　町田加奈子　丸山香織　井澤徳子　藤井多穂子　藤井かおり 葛目美枝子　伊藤香　鈴木洋子　石橋佐知子　伊藤由美　畑野衣見 宮崎陽子　並木楓　倉次みのり
Proofreader DTP Printing	株式会社鷗来堂 朝日メディアインターナショナル株式会社 共同印刷株式会社

・定価はカバーに表示してあります。本書の無断転載・複写は、著作権法上での例外を除き禁じられています。
　インターネット、モバイル等の電子メディアにおける無断転載ならびに第三者によるスキャンやデジタル化もこれに準じます。
・乱丁・落丁本はお取り替えいたしますので、小社「不良品交換係」まで着払いにてお送りください。

本書へのご意見ご感想は下記からご送信いただけます。
http://www.d21.co.jp/inquiry/

ISBN978-4-7993-2384-7　ⒸAkihiko Shimizu, 2018, Printed in Japan.